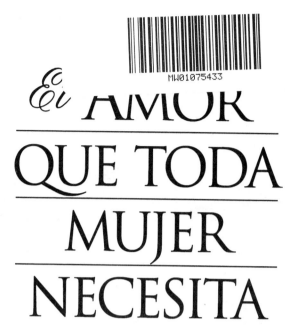

El AMOR
QUE TODA
MUJER
NECESITA

El AMOR QUE TODA MUJER NECESITA

JAN MCCRAY

BETANIA

Un Sello de Editorial Caribe

© 1998 EDITORIAL CARIBE/BETANIA
Una división de Thomas Nelson, Inc.
Nashville, TN - Miami, FL

www.editorialcaribe.com
E-mail: editorial@editorialcaribe.com

Título en inglés: *The Love Every Woman Needs: Intimacy with Jesus*
© 1997 por Jan McCray
Publicado por *Chosen Books*

Traductor: *Leticia Santos*

ISBN: 0-88113-510-0

Impreso en EE.UU.
Printed in U.S.A.

Contenido

Reconocimientos

Este libro está dedicado a todas las mujeres que persisten para que Jesús sea el amor que más necesitan. Al compartir sus historias conmigo, han enriquecido mi vida inmensamente y me han ayudado en mi propio viaje con el Amante de mi alma.

También está dedicado a mi esposo, Dave, que me ha animado y sostenido con sus oraciones. Él es una ayuda diaria en mi camino de fe, y no pudiera hacer lo que hago sin él.

También quisiera agradecerle a Christine Willett Greenwald por su valiosa experiencia editorial que hizo este libro una realidad.

Introducción

Este libro trata sobre la intimidad con Jesucristo en un nivel que pocas mujeres experimentan. Nació de la necesidad que pude ver en mujeres de recibir el completo e incondicional amor y la aceptación de alguien significativo. Añoramos esa persona que nos conozca completamente, que nos quiera por entero y que toque las necesidades más profundas de nuestra alma. Queremos una relación con alguien que alcance las profundidades más vacías de nuestro ser y las llene totalmente.

A medida que nuestras vidas van cambiando, esta necesidad se convierte en más que un deseo casual. Se convierte en un anhelo, en una realidad inquietante que demanda satisfacción. Si la necesidad es frustrante, trataremos (consciente o inconscientemente) de llenar el vacío que su ausencia deja en nuestro espíritu por medio de relaciones, trabajos, negaciones o hasta por ocupaciones cristianas.

A fin de cuentas, solo Jesús puede calmar esa intensa necesidad por nuestro amor incondicional y aceptación. Jesús debe ser para nosotras más que el Salvador que necesitamos. Debemos llegar a conocerle en la intimidad que Él nos ofrece.

Espero que este libro les guíe a una intimidad con Jesús llena de libertad y sanidad. Entrelaza historias bíblicas y de mujeres modernas de hoy que han luchado para establecer esa relación con Él. Nuestro gran Salvador murió para que nuestros pecados fueran perdonados y pudiéramos entrar a una unidad con Él mucho más de lo que pudimos haber soñado.

¡Él verdaderamente es el Amor que toda mujer necesita!

Jan McCray
St. Petersburg, Florida

PARTE 1

CONECTÉMONOS AL AMOR

1

Mostremos nuestra peor imagen

Recuerdo la primera vez que vi a Ana. Estaba colgando ropa detrás de la pequeña casa misionera en la que yo vivía en Kenya, África, cuando servía por lapsos breves dentro de la tribu masai, la más primitiva de entre las más de cuarenta en ese país. Ana vivía en una de la aldeas cercanas y venía una vez por semana a lavar la ropa de la casa misionera. Mientras observaba por la ventana, noté el brillo en sus ojos y la belleza de su rostro. A medida que trabajaba, cantaba la misma canción una y otra vez, la melodía danzaba sin tino en su lengua.

Algo de su magnético semblante me intrigó. Me preguntaba: *¿Qué significará su canción? ¡Quiero conocer a esta mujer!*

El día estaba más frío y ventoso que lo usual. Continué observando, Ana dejó de trabajar por un momento para frotarse los brazos tratando de calentarse. Vestía un colorido *shuka*, el vestido tradicional de las mujeres de la cultura Masai. Pero el pedazo delgado de tela que envolvía su cuerpo como una bufanda gigante no bastaba para protegerla del frío. Así que tomé un suéter que había traído de casa y salí corriendo a ponérselo.

Lo apretó fuertemente.

«*Ashay*», dijo, sonriéndome con aquellos oscuros y refulgentes ojos. «*Ashay*». Me tomó la mano y me la apretó, y juntas terminamos de colgar la ropa.

Ana y yo nos hicimos amigas, y comencé a buscar el secreto de la serenidad y aparente felicidad de esa mujer pese a una vida, bajo cualquier punto de vista, difícil. Era madre de seis niños y la persona más trabajadora que conocí.

Los masai casi nunca son agricultores, son guerreros y ganaderos. Ana, sin embargo, aprendió que la gente que cultivaba la tierra podía alimentar a sus hijos; así que ella sola sembró un enorme cultivo de maíz. Incluso hizo su propio sistema de irrigación cavando una zanja para almacenar el agua en tiempo de lluvia. Almacenaba el maíz en la choza de barro de la familia; eso no solo se convirtió en su fuente principal de alimentos, también era un medio para compartir con otros en tiempos de sequía. Ana nunca parecía estar cansada, ¡y siempre cantaba aquella canción!

¿Era Ana cristiana? Sí, aceptó a Cristo como su Salvador personal varios años antes. El trabajo fiel de los misioneros en su área había levantado una pequeña comunidad cristiana, y la rústica iglesia local se entusiasmaba a menudo con los masai que caminaban muchos kilómetros para asistir a los servicios. Se reunían por horas, cantaban y se deleitaban con los testimonios de los creyentes, algunos de los cuales fueron desterrados de sus aldeas por creer en Cristo.

Si bien Ana participaba constantemente en las actividades de la iglesia y criaba a sus hijos en ese compañerismo de fe, su corazón ansiaba que su esposo abriera su espíritu a Jesús. Quería que conociera la paz y la felicidad que ella disfrutaba. Pero él no solo se negaba a creer en Cristo; sino que la hostigaba por su fe. Para manifestar su desagrado recurrió a la violencia, algunas veces le pegaba cuando ella regresaba de la iglesia a su aldea. Incluso cuando estaba embarazada de su último hijo, llegó a la iglesia con moretones y latigazos. Al preguntarle acerca de eso, me dijo: «¡No puedo estar lejos de los que aman a mi Jesús! Debo cantar, orar y escuchar la Palabra. Los moretones siempre desaparecen».

De manera que Ana parecía capaz de vivir por encima del temor, en un lugar donde sus penas no la podían seguir. Pero, ¿cómo era eso?

¿Podría ser así su cultura? Me pregunté. *Tal vez la gente con poca educación vive menos complicada que algunas de nosotras criadas en sociedades occidentales. O quizás Ana no es tan introspectiva como nosotras y toma la vida en su valor nominal.*

En el fondo, sabía que no podía explicar el brillo de Ana con simples factores sociológicos o sicológicos. Por alguna razón, de algún modo, sabía que Ana había permitido que Jesús tocara y sanara lo que llamo el punto doloroso.

El punto doloroso

Antes de que pudiera comprender el secreto de Ana o aprender el significado de su canción, me percaté de una verdad importante, la cual observo cuando hablo a grupos de mujeres o aconsejo a mis hermanas en todos los aspectos de la vida. He aquí: Cada mujer, soltera o casada, africana o afroamericana, caucasiana, latina, asiática o nativa americana, tiene un punto doloroso que necesita ser tocado, consolado, sanado, restaurado, lleno y vuelto a llenar con regularidad en el transcurso de su vida. Las mujeres no siempre pueden explicar la fuente de ese profundo e íntimo anhelo. Es más, pueden vivir muchos años solas o con relaciones, consciente de un vacío doloroso pero incapaces de identificarlo.

¿Cuál es el punto doloroso? Como todos los dolores, físicos, mentales o emocionales, es en alguna manera inexplicable y vago. Si resumimos las observaciones femeninas de todo el mundo, en su extensa variedad de sentidos, unidas en miles de dialectos e idiomas, *es posible* que podamos describirlo.

Si eso falla, permítame dar esta definición: El punto doloroso consiste en un profundo anhelo de perdón y aceptación, ternura y estima, genuino cuidado y amor incondicional por parte de alguna persona deseada. El punto doloroso en cada mujer produce deseos de afirmación, amor propio, seguridad y un sentimiento de significación.

Esos anhelos afectan cada aspecto de la vida de la mujer, ¿no es así? Y precisamente por eso es que el enfermizo, insatisfecho, y vacío punto doloroso causa un dolor violento, tormentoso y molesto que no se reprime fácilmente y que casi nunca se satisface por completo. Puede estar quieto en ciertos momentos, aunque no en todos. Pero cuando esos deseos llegan a hervir, pueden derramarse en un grito de ayuda o en lo que la sociedad considera una conducta inapropiada. El punto doloroso de una mujer afecta la forma en que ella se relaciona consigo misma, con las circunstancias en su vida, con su existencia personal; en pocas palabras: en su mundo.

¿Tienen los hombres puntos dolorosos? Puesto que son humanos, con espíritus propios alentados por Dios, la respuesta es sí. ¿Son sus anhelos iguales a los nuestros? Podría intentar responder eso, pero como soy mujer dejaré esa discusión para un hombre.

¿Dónde está el punto doloroso de una mujer? ¿En su intelecto? ¿En la parte del cerebro que controla sus emociones? ¿Es una función dominante de su sistema hormonal o nervioso, que por lo tanto, rige su salud física?

Como discutiremos con más detalles posteriormente, las mujeres en todo el mundo, de cualquier cultura, casi siempre buscan satisfacer los anhelos profundos de sus puntos dolorosos con salidas emocionales o sicológicas; es decir, a través de relaciones, usualmente con hombres: padres, hermanos, amigos, amantes, esposos. Pero como cada una de nosotras sabemos por experiencia, las relaciones sean con hombres o mujeres, inevitablemente resultan insuficientes para llenar las profundas necesidades de nuestro corazón. ¿Por qué? Porque las relaciones se construyen entre respuestas humanas de uno a otro, y como todos los humanos necesitan sus propios derechos, esas respuestas pueden ser devastadoramente insatisfactorias.

Los seres humanos nos ministramos los cuerpos, la mente y las emociones a varios grados de efectividad. Pero el punto doloroso se encuentra en el *espíritu* de la mujer, esa parte diseñada para comunicarse con Dios. Jesús lo explica:

Cuando usted ve a un bebé, es simplemente eso: un cuerpo que puede observar y tocar. Pero, *la persona que se configura dentro de él* está formada por algo que no puede ver ni tocar —el Espíritu [de Dios]— y se convierte en un espíritu viviente.

Juan 3.6
(tomado del libro *The Message*
[El mensaje], cursivas añadidas).

Eso continúa, entonces, ese Dios, y solo ese Dios, puede alcanzar la profundidad y tocar el punto doloroso en el espíritu que Él creó. ¿Cómo lo hace?

La conexión de amor

La única manera en que Dios puede tocar y sanar el punto doloroso en su corazón y en el mío es, creo yo, extendernos, levantarnos y hacer una conexión de amor con Jesucristo. Y el primer paso al hacerla, porque hay otros que exploraremos en este y los siguientes capítulos, es mostrar nuestra peor imagen.

«Espere», dirá usted. «Cuando uno quiere hacer una conexión de amor con alguien, muestra su mejor imagen, no la peor».

Eso, en verdad, aparenta ser más lógico. Y parece ser que es la manera en que mucha gente trata de llamar la atención de Dios, mostrándole lo bueno que son. Pero para comenzar una conexión de amor con Jesús, el amor que todos requerimos más que nada, necesitamos mostrar nuestra peor imagen, para reconocer sinceramente cuán pecaminosas somos y con cuánta desesperación necesitamos de Él. ¿Por qué uso la frase *conexión de amor*? Porque Dios hizo el primer movimiento hacia nosotras casi dos mil años atrás, cuando envió a su Hijo Jesús a este mundo para mostrar su amor muriendo por nosotras y resucitando. Ahora la pelota está en nuestra cancha, completar esa conexión de amor es decisión nuestra.

Ana sabía eso. Finalmente, determiné que la respuesta a su profundo y singular gozo, y a su contentamiento, era la *calidad* de su relación con Jesús en una conexión de amor que está disponible para todas nosotras, aunque rara vez activada.

En Lucas 7 encontramos a otra mujer que comenzó la conexión de amor. Hasta hoy permanece en el anonimato; el autor del evangelio la llama «*una mujer de la ciudad, que era pecadora*» (versículo 37). Lo que le pasó, sin embargo, así como la manera en que respondió, es de profunda importancia para comprender si también nosotras podemos hacer esa conexión de amor con Jesús.

Evidentemente, Jesús estuvo predicando en su área y ella lo había escuchado, o sabía bastante de Él. Debió estar agobiada, porque Él no solo predicaba acerca del Reino de Dios, como lo hacían muchos maestros itinerantes, ofrecía perdón, ¡y amor! Quizás esa fue la primera vez que se atrevió a pensar que el Dios de Abraham, Isaac y Jacob, podía amarla en verdad. ¿Sería eso cierto? ¡Cuán desesperadamente necesitaba ese amor incondicional!

Jesús era diferente. Esa mujer debió ver una increíble ternura en sus ojos cuando Él hablaba a las multitudes. El amor que le ofrecía libremente parecía sin igual. Y así, quieta, en lo profundo, lo tomó sin reservas.

Debe haber sido el momento más arrobador de su vida, y se fue a casa rebosando de amor y gratitud, maravillada por el cambio que la redención y el amor de Dios lograron en la manera en que pensaba acerca de sí misma, respecto a otros y en cuanto a su futuro.

Entonces se le presentó una oportunidad para responderle a Jesús.

> Cuando ella supo que Él estaba a la mesa en la casa del fariseo, trajo un frasco de alabastro con perfume.
>
> Lucas 7.37

A Jesús lo invitaron a cenar en la casa de Simón, un fariseo, un líder religioso de la comunidad, y esa mujer se sintió obligada a verlo. ¡Se atrevió a asistir a la fiesta!

Realmente, en ese entonces, no era muy difícil asistir a una cena sin ser invitado, como podríamos pensar. Las casas eran amplias, y casi siempre se servía la cena en el jardín, aunque hiciera frío. Los vecinos podían pararse en los alrededores y presenciar las grandes reuniones sociales, y a menudo la gente pobre solo hacía eso, ¡venían a ver comer a los más influyentes de su comunidad!

Pero esta mujer no deseaba ser una simple espectadora. Quería derramar en Jesús la adoración de su corazón. Él tocó su punto doloroso, ofreciéndole esperanza, perdón, aceptación, y llenándola con amor cual nunca había conocido. Ella fue receptora, y ahora la poderosa corriente de amor en su corazón le demandaba que fuera dadora.

¿Qué pasa con nosotras? Hay un tiempo para escuchar las demandas de Jesús, y hay otro para responderlas. A menudo nos pasamos la vida escuchando, pero nunca respondemos a nivel del corazón, con todo nuestro cuerpo, mente, emociones y voluntad.

Algunas de nosotras, que fuimos criadas en la iglesia, hemos creado problemas con respuesta. Escuchamos con frecuencia el mensaje y entonamos las canciones de Jesús. Recibimos pequeñas dosis de Dios domingo tras domingo, una reunión de oración tras otra, hasta que son como una inyección para cierta enfermedad: ¡Las pequeñas dosis nos hacen inmunes! Si bien, le respondemos a Jesús con nuestra mente e intelecto, somos tan torpes que fallamos al ofrecerle la pasión de nuestro corazón.

Pero esta mujer no tenía antecedentes «eclesiásticos». La Biblia dice que era pecadora, término que se aplicaba siempre a algo de carácter inmoral. Peor aún, era prostituta, una mujer de la noche. La única religión que conocía era la que había visto y oído de los líderes espirituales de su época. Algunos de ellos hasta podrían haber sido clientes suyos. Pero sabemos con certeza que fue tratada con desprecio por el gentío que proclamaba conocer a Dios. Considere el comentario de Simón, el anfitrión de la cena, acerca de ella:

Este, si fuera profeta, conocería *quién y qué clase de persona* es
la mujer que le toca, que es pecadora.

Lucas 7.39 (cursivas añadidas).

«¡Quién y qué clase de persona!» ¿Puede ver el desdén en
la actitud de Simón?

Solo podemos imaginarnos cómo sería la vida de aquella
mujer, seguramente estaba llena de soledad, vergüenza, repug-
nancia y desilusión, usada por los hombres y rechazada por
aquellos que ostentaban su propia respetabilidad. El desprecio
de Simón, el anfitrión de la cena, no era nada nuevo. Todo
aquello le pareció poco ahora que se acercaba a Jesús, a costa de
cualquier precio. Él fue el único que la vio diferente que cualquier otro hombre. La vio más allá de su pecado y la amó. No la
condenó por su manera de vivir; Él la perdonó.

Así que aprovechó el momento y entró al patio abierto cargando los costosos aceites y perfumes para hacer lo único que
sabía. Se puso a los pies del Señor Jesús mientras Él se reclinaba
en un sillón para cenar, y

llorando, comenzó a regar con lágrimas los pies de Él, y los en-
jugaba con sus cabellos; los besaba, y los ungía con el perfume.

Lucas 7.38

Quizás lo miró a los ojos. Tal vez consciente de la escena
que estaba desarrollando, ocultó el rostro entre la fragancia de
sus aceites y perfumes que impregnaban el jardín con el aroma
de su amor sincero.

Aun mientras actuaba, debe haberse preguntado: ¿Estaría
avergonzándolo? ¿Estaría aún allí el amor que antes vio? ¿En-
tendería ese regalo que ella le traía? ¿Sabría que por estar allí,
ella estaba reconociendo sinceramente su necesidad de Él, la
aceptación de su amor y el futuro derecho de ser el Maestro de
su vida?

Todos sus temores debieron deshacerse y sus dudas cover-
tirse en fe al ver la misericordia y compasión con la que la recibió. Él no actuó avergonzado, sino que aceptó su bondadoso

regalo. Y —¡maravilla de maravillas!— cuando los pensamientos acusadores de Simón y su fuerte desaprobación colmaron el jardín, Jesús lo percibió y la defendió. Y le dijo a su anfitrión:

> Simón, una cosa tengo que decirte ... Un acreedor tenía dos deudores: el uno le debía quinientos denarios, y el otro cincuenta; y no teniendo ellos con qué pagar, perdonó a ambos. Di, pues, ¿cuál de ellos le amará más? Respondiendo Simón, dijo: Pienso que aquel a quien perdonó más. Y Él le dijo: Rectamente has juzgado. Y vuelto a la mujer, dijo a Simón: ¿Ves esta mujer? Entré en tu casa, y no me diste agua para mis pies; mas esta ha regado mis pies con lágrimas, y los ha enjuagado con sus cabellos. No me diste beso; mas esta, desde que entré, no ha cesado de besar mis pies. No ungiste mi cabeza con aceite; mas ésta ha ungido con perfume mis pies. Por lo cual te digo que sus muchos pecados le son perdonados, porque amó mucho, mas aquel a quien se le perdona poco, poco ama.
>
> Lucas 7.40-47

Sí, el amor aún estaba allí. Jesús dejó que Simón y sus invitados supieran, delicada aunque firmemente, que esa mujer hizo más por su ministerio que todo lo que su educada y hospitalaria sociedad hicieron. Una bastarda sin nombre, una escoria de la sociedad, se había atrevido a descubrir su herido y pecaminoso corazón ante Jesús. Ella mostró su peor imagen y halló que Él la amó igual. Ese día, ella comenzó una conexión de amor con Jesús. ¿Lo ha hecho usted?

«¿Cómo muestro mi peor imagen?»

Quizá nunca ha entendido ni aceptado el hecho de que Jesucristo vino a la tierra como la encarnación de Dios mismo, ni que ofreció su vida en la cruz del Calvario para expiar sus pecados y los míos, para borrarlos del registro de la historia. Tal vez nunca ha captado la maravillosa realidad de su resurrección de la tumba, la que le da a todo el que recibe su regalo como un sacrificio, la promesa de la vida eterna después de la muerte. O quizá conoce y ya aceptó el mensaje intelectual del evangelio, aunque nunca ha dejado que sus efectos consuelen su punto doloroso.

Muchas de nosotras encontramos la religión, pero nunca experimentamos el cambio de vida que viene al dejar que Jesús limpie todo —desde el polvo más sucio hasta la mínima telaraña—, de las esquinas de nuestra vida. Podemos creer en Jesús y entender suficientes verdades bíblicas acerca de su vida y su muerte para unirnos con sus hijos. Podemos estar contentos de conocerlo a distancia. Trabajamos duro y seguimos las reglas. Nos consideramos personas buenas. Aunque nunca hemos respondido con el amor incondicional que tenemos a la limpieza, y el amor liberador que nos ofrece.

Jesús espera nuestra respuesta amorosa, porque solo cuando se la ofrecemos puede empezar a tocar y a sanar nuestro punto doloroso. Pero podemos ofrecer ese amor ilimitado solo cuando —como Ana y la prostituta sin nombre—, reconozcamos nuestra desesperada condición pecaminosa y nos hagamos vulnerables al Único que puede satisfacer nuestra necesidad. Este es el primer paso para hacer la conexión de amor.

Hace tiempo recibí una llamada telefónica de una joven, esposa de un reconocido líder espiritual en nuestra ciudad. Conocía a esta familia por casi cinco años y me sorprendía el tiempo que el esposo se ausentaba del hogar, entregado a su trabajo, a su denominación y a los asuntos cívicos locales y estatales. Parecía demasiado como para hacer malabarismos.

Su pequeñita y vivaracha esposa, madre de un adolescente y de una recién nacida; siempre parecía un figurín de moda. Era agradable, tenía una maravillosa sonrisa y una habilidad para conversar que hacía sentir cómodos a los que la rodeaban. Aceptó a Cristo como su Salvador a los diez años y tenía, según sus propias palabras, «un camino recto» desde ese entonces.

Las otras mujeres consideraban su forma de vida, su familia y sus actividades en la iglesia, un modelo a seguir.

Pero cuando me llamó, me percaté por su voz temblorosa que algo malo estaba ocurriendo. Me preguntó si podía ir a su casa porque quería hablar conmigo. Yo fui.

Al principio tuvimos una conversación breve, y cargué a su preciosa bebita. Pero cuando le pregunté la razón de su llamada, empezó a llorar, me contó que las frecuentes ausencias de su esposo la habían hecho sentirse abandonada, pese a que lo consideraba un gran hombre y un buen padre. Efectivamente, me dijo que su soledad la había llevado a un apego emocional con un hombre casado de la iglesia. La situación la destrozaba interiormente.

Una y otra vez se defendía lamentándose, diciendo que entre los dos nunca hubo nada físico. Pero era claro que la tortura interna crecía día a día. Se sentía miserable, sabiendo que esa relación era incorrecta y que tenía que detenerla. Se sentía culpable y confusa, traicionaba a su esposo e hijos.

Pero de pronto, se secó las lágrimas y exclamó: «¡Jan, no entiendo cómo pudo suceder esto! Siempre he sido en mi iglesia la que ayuda a llevar a otros a Cristo, quiero decir, personas que en verdad pecan y que no llevan una buena vida. ¿Cómo pude hacer algo tan parecido a lo que esa gente hace?»

Suspiré interiormente. Lo que acababa de decir era muy revelador. Me dijo que la tortura que sentía era mucho más que culpabilidad por el adulterio emocional. ¡Esa joven nunca creyó que realmente fuera una pecadora!

«Pero», dirá usted, «hizo un pacto con Cristo a una edad temprana». Sí, pero nunca se consideró una persona caída. Había leído la Biblia, asistía a la iglesia, servía en la comunidad e hizo «cosas buenas». Pero nunca había comprendido la profundidad de lo que Jesús hizo por ella —¡por ella!—, al morir en la cruz. Esa otra gente que había llegado a Él eran pecadores, ella era diferente.

Ahora estaba despertando espiritualmente, sintiendo que algo profundo dentro de ella era pariente de esos que llamaba pecadores. Eso le explotó, y cayó de golpe del pedestal que había levantado por sí misma. Siempre pensó que Jesús tenía suerte por tenerla en su equipo. Ahora, enfrentando la verdad consigo misma, empezó a llorar de nuevo.

La tomé en mis brazos y la arullé, le hablé de la gran misericordia y del amor que son nuestros en Jesucristo, como si nunca antes hubiera escuchado aquello.

—Él siempre ha conocido tu corazón —le dije suavemente—. Siempre ha visto tu potencial para hacer esto. Por eso vino a morir por ti.

—¡Lo siento, Jesús! —gritó.

—Él lo sabe, lo sabe —le dije—, y tú estás perdonada.

Ese mismo día, a esa misma hora, mi joven amiga empezó su conexión de amor con Jesús.

Establezca su conexión de amor

Para hacer su propia conexión de amor con Jesús, percátese de su potencial para pecar. Recuerde lo que Jesús hace por usted, aparte del amor maravillosamente tierno y abnegado que mostró por usted en la cruz. Es como el amor real (no obsesivo), entre un hombre y una mujer, que empieza la mayoría de las veces al reconocer alguna cualidad especial en la personalidad del otro, o cuando una se siente maravillada y agradecida por algo generoso, bueno, o las cosas tiernas que el otro hace, de manera que hay que reconocer la grandeza, la completa y abundante abnegación del amor que Jesús ha puesto a nuestros pies, a pesar de que somos indignas.

Es fácil perder la vista de la deuda de gratitud que le debemos a Jesús, sobre todo si crecimos en la iglesia o si asistimos a ella por mucho tiempo. Pero hay algo de la gratitud real, la gratitud sincera, que construye la intimidad con Él, que nos conecta con su amor y nos capacita para derramar el nuestro en Él como respuesta.

Mi familia experimentó esa clase de gratitud, construyendo la intimidad y haciendo la conexión con nuestro Señor en una manera imborrable un año en que celebrábamos su cumpleaños.

Un sueño de Navidad

Nuestros tres hijos han crecido y ahora son independientes, pero aún nos gusta seguir con nuestras especiales tradiciones familiares al reunirnos todos. Una de las favoritas es tomar un tiempo para cantar y leer la Biblia antes de abrir nuestros regalos la mañana de Navidad. Luego nos turnamos en círculo para dar gracias a Jesús como una ofrenda de gratitud por sus bendiciones. Encontramos en esto una manera maravillosa de reconocer y honrar el día de su cumpleaños.

Una de esas mañanas, hace pocos años, nos emocionamos por tener a nuestro único nieto, Tyson; su mamá (nuestra hija) y su papá, estaban con nosotros. Antes que Tyson naciera ansiábamos su llegada, pero nunca supimos lo mucho que lo íbamos a amar. Cuando nuestra hija Shannon y su esposo se mudaron de nuestra ciudad, en Florida, a Pennsylvania un año después de nacer Tyson, se nos desgarró el corazón, pero decidimos construir una relación con ese pequeño, pese a lo lejos que viviera. En efecto, la gente hasta nos dijo que debíamos comprar acciones en una aerolínea, ¡Volábamos frecuentemente para verlo! Pero Dios honró nuestro pacto de unión con Tyson, y el amor ha crecido.

Así que esa mañana de navidad cada uno iba alrededor del círculo, expresando una bendición y alabando a Jesús con sus labios. Cuando todos hablamos, mi esposo, Dave, preguntó si podía contar una pesadilla que nos involucraba a Tyson y a mí. Nos reímos y le dijimos que debió ser la pizza que se había comido por nuestra celebración en la noche de Navidad. Pero su mirada pensativa nos dijo que eso era importante, así que nos callamos y escuchamos.

«En mi sueño», comenzó Dave, «mamá, Tyson y yo caminábamos en un lugar desconocido. La densa neblina impedía ver, y el suelo era escabroso, con despeñaderos alrededor. Mamá y yo tomamos la mano de Tyson fuertemente mientras avanzábamos a través de tan densa neblina que parecía una sopa, y nos recordábamos frecuentemente que no debíamos dejarlo ir. Pero de repente, Tyson brincó y huyó de nosotros. Gritamos, pero ninguno podía verlo o sentirlo».

La voz de Dave comenzó a debilitarse, y pudimos ver que vivía el temor de ese momento.

«Seguí gritando el nombre de Tyson», continuó. «Me sentí torpe, inmóvil. Pero antes de que pudiera pensar qué hacer, mamá se abalanzó a su encuentro. Cuando llegó, lo vimos exactamente a la orilla de un abismo. Mamá tomó a Tyson y lo lanzó a mis brazos, pero ella resbaló y se precipitó por la orilla del despeñadero. Me paré allí, cargando a Tyson e inclinándome en el peligroso y profundo hoyo. Tyson estaba a salvo, pero mamá se había ido. Ella dio su vida por salvarlo».

En ese momento, Dave gemía levemente, y algunos de nosotros nos unimos a él, impactados por la emoción que la pesadilla provocó.

«Yo sé lo que significa el sueño», dijo Shannon. «¡Sé por qué Jesús dejó que papá tuviera ese sueño la noche antes de Navidad! Es tan maravilloso, ¿pueden ustedes verlo? Todos sabemos lo mucho que papá y mamá aman a Tyson. Cualquiera de ellos daría gustosamente su vida por salvarlo, si fuera necesario. Ellos se sentían los protectores de él en ese sueño y querían mantenerlo a salvo de la neblina. Pero cuando él se alejó y estuvo en peligro, mamá inmediatamente saltó para salvarlo. Nunca pensó en su propia seguridad».

La voz de Shannon se quebró. «Por eso es tan maravilloso. Mamá hizo por Tyson lo que Jesús hizo por nosotros. Todos nos alejamos de Él; estábamos separados de Él. Todos estábamos en lugares peligrosos. Pero su amor no pudo soportarlo. Nos amó tanto que se lanzó a la muerte para ponernos en un lugar seguro. Esa es la esencia de la Navidad. Jesús vino a la tierra a morir, y así fue como nos rescató».

Reconozcamos nuestra necesidad

Nunca se me olvidará esa mañana del sueño de Dave y la conexión de amor de nuestra hija con Jesús que nos ayudó a ilustrar a nuestro Salvador rescatándonos del abismo. Ciertamente estamos en deuda por nuestro pecado, y Jesús pagó esa deuda con su gran amor. Una vez más entendemos nuestra deuda, entonces ¿por qué no podemos responder a ese amor?

La prostituta que se menciona en Lucas 7 entendió cual era su deuda: Ella era pecadora y no buscó excusas. Eso fue lo que Jesús observó: «*Sus muchos pecados le son perdonados, porque amó mucho; mas aquel a quien se le perdona poco, poco ama*» (Lucas 7.47).

Podemos tener o no la historia de pecado de la prostituta. Nuestros pecados pueden parecer menos drásticos, mucho más sutiles. Pero un breve examen de la lengua Hebrea nos ofrece una ilustración que sacude nuestra complacencia. El hebreo —a diferencia del español, en el que el simple término tiene diferentes significados—, ofrece tres palabras para *pecado: transgresión*, lo cual significa «rebelión»; *iniquidad* con la raíz de «perversidad» e indicando «malicia»; y *pecado*, que significa «fallar el tiro» o «perder» (Isaías 53.5 y 12, muestra ejemplos de estas tres palabras).

En esencia, *transgresión* es la rebelión nacida en cada uno de nosotros por la caída de Adán y Eva. Es nuestra tendencia innata a alejarnos de Dios o pensar que no lo necesitamos. *Iniquidad* es el acto de hacer algo malo. Y *pecado* significa perder o simplemente errar el tiro. Esto puede incluir los pecados de omisión. Un pecado, ante los ojos de Dios no es peor ni mejor que otro; Él no hace distinción entre pecados aunque dice que el pecado sexual hiere nuestro propio cuerpo y el de muchos otros. Nos hemos revelado, cometemos perversas maldades o simplemente erramos el tiro. Pero, como dice un viejo refrán: «No basta con verlo vivir, hay que vivir con él». Dios tiene un principio de justicia con el que la Biblia nos dice que todos, cada ser humano que haya vivido o viva, puede caer (véase Romanos 3.23).

Ah, podemos reconocer nuestros pecados, teológicamente, en teoría, en nuestro intelecto. Pero nunca podremos amar a Jesús con la profundidad e intimidad que Él quiere, y que nosotras queremos, hasta que mostremos nuestra peor imagen, que nos acerquemos a Él honesta y sinceramente con corazones agradecidos, reconociendo nuestra profunda necesidad y su inmensa suficiencia para rescatarnos.

Pude ver a Ana hacer eso. No solo reconocía su gran deuda y necesidad de un Salvador, sino que vio que el sacrificio de Jesús fue hecho por amor a ella. Incapaz de comprenderlo por completo, continuaba desafiándose a salir adelante y aceptándolo por fe. Y así el punto doloroso, en la parte más profunda de su ser, fue satisfecho.

Más tarde, le encontré significado al canto de Ana. Era una canción de amor, simple aunque profunda:

> ¡Aleluya, aleluya!
> Por la sangre de Jesús,
> Por la sangre de Jesús,
> ¡Canto aleluya!

Ana sabía y reconocía la necesidad de la sangre de Jesús, para limpiarla de pecado. Y lo amaba con pasión por haberlo hecho.

«Hemos dado el primer paso... aunque no basta»

Puede que conozca a muchas mujeres, como las conozco yo, que se consagran a Jesucristo, establecen una conexión de amor mostrando su peor imagen y aceptando su perdón; y aún siguen sufriendo fuertes punzadas en el punto doloroso. Puede que incluso usted sea una de ellas. Y en este momento diga: «Gustosamente lo acepté como mi Salvador, como el único que murió por mis pecados, el que me lavó, me limpió con su sangre y que preparó la vida eterna en el cielo para mi futuro. Pero todavía estoy adolorida por dentro; mi punto doloroso constantemente clama por más».

Muchas mujeres creen que haciendo una profesión de fe completan la conexión de amor con Jesús. Pero es posible aceptar a Jesús como Salvador, e incluso nunca conectarse con Él de una manera que provea confianza e intimidad. Podemos ir a la iglesia, orar, asistir a los estudios bíblicos y servir. Podemos tratar de vivir con principios bíblicos y nunca permitirnos ser lo suficientemente vulnerables para que Jesús dé el segundo paso:

alcanzar el nivel de confianza que produce hallarlo como el amor que necesitamos. Esta clase de confianza implica riesgo, y eso nos asusta.

Lo sé porque me asustó. En los capítulos 2 y 3 hablaré algo de mi trayectoria a la conexión de amor con Jesús, un esfuerzo que me llevó a comprender por experiencia propia el recóndito resplandor de Ana pese a las difíciles circunstancias. Espero que cuando usted lea mi historia, encuentre valor para dar el segundo paso a la conexión de amor. Le dará a Jesús la libertad de hacer lo que Él quiera para usted: consolar, sanar y llenar sus puntos dolorosos como solo Él lo puede hacer.

Ese consuelo, esa sanidad y esa llenura involucrará un viaje para usted también, un paseo que usted y su Amor harán juntos. Este libro le servirá como guía para algunos lugares en los que tendrá que parar y trabajar, proceso que su vida experimentará, o quizá solamente descansar y relajarse en el camino a su meta eterna: una vida con su Amor, Jesús mismo, en toda su ternura, amor y esplendorosa gloria.

Oración

Señor Jesús, ayúdame a ser totalmente sincera en mi relación contigo. Quiero conectarme con tu amor a través de una inmensa gratitud por tu muerte y resurrección por mí. Deja que mi amor por ti nazca de un corazón agradecido y receptivo. Te prodigo amor al recibirte como mi Salvador o renovar mi fe en ti hoy. Amén.

2

Un salto a los brazos de mi Amado

Cuando nuestros tres hijos estaban pequeños, Dave y yo compramos una casa espaciosa en la que vivimos por casi veinticinco años. No era lujosa, pero tenía muchos árboles y follaje, ofrecía una estabilidad maravillosa y perdurables memorias.

Un sábado estábamos barriendo y recogiendo las hojas. Nuestro propósito era realizar una actividad familiar, pero Andrew, apenas de dos años de edad, Shannon de cuatro, y Jana de siete, estaban allí más que nada por acompañar y por obligación.

Por la mañana temprano, Dave había usado una escalera para quitar las hojas del techo y para recogerlas también. Jana trabajaba a mi lado metiendo las hojas en las bolsas. Andrew jugaba cerca y yo entonaba una canción que a ellos les gustaba. De repente, en medio del canto, una vocecita gritó: «¡Mírame, papi, mírame!»

El corazón se me puso en la boca cuando miré hacia arriba. Shannon encontró la escalera que aún estaba apoyada sobre la casa y se había subido al tope del techo. Parada allí en la cuerda floja, nuestra pequeña hija no tenía idea del peligro en el que estaba.

¿Qué podía hacer yo? Si gritaba, podría asustarla, y hacerla perder el equilibrio. Si subía la escalera para rescatarla, podría llegar muy tarde. «Dave», le susurré. «Dave».

Me quedé parada allí, paralizada por el terror. Sin necesidad de palabra Dave caminó sobre la orilla de la casa. «Shannon», le dijo con voz normal. «Shannon, salta a los brazos de papi». Él mantuvo sus brazos abiertos. «Salta a mis brazos ahora, cariño».

Lo que sucedió a continuación fue que nuestra frágil y pequeña niña se deslizó de ese techo a los brazos de su padre, gritando: «¡Eeee!» hasta abajo.

Temblaba completamente cuando corrí al encuentro de Dave.

—Amor, el techo es muy alto y peligroso. Se pudo haber lastimado y...

Dave me calló.

—Ella confía en mí, Jan —me dijo—. Ella está bien.

En ese momento Shannon ya había saltado de los brazos de Dave a jugar con su hermano. No me recuperé tan fácilmente, y me hundí en una silla de jardín que estaba cerca mientras las deducciones del incidente me sobrecogían. Las lágrimas comenzaron a brotar mientras le agradecía a Dios por haberla salvado. Y me reproché por dejar la escalera al alcance de ella. Pero en lo más recóndito de mi espíritu, Jesús calmó mi inquieto corazón. *Shhh*, pareció decir. *No temas, Jan. Solo recuerda que esa es la clase de confianza que quiero que tengas en mí.*

Suspiré. ¿Habría confiado yo en el Señor tan completamente? Después del rescate de Shannon, pensé en lo que Jesús me susurró al corazón. ¿Por qué Shannon saltó del techo a los brazos de su papa sin dudar? No vaciló ni un instante. ¿Por qué no consideró el riesgo? ¿Por qué no tuvo miedo?

Me percaté de que algunas de las respuestas a esas preguntas, se basaban en su ingenuidad, su extrema juventud, su falta de buen juicio. Pero también observé que Shannon tenía una relación fuerte con su padre. Ella no tenía ninguna necesidad de calcular o evaluar. Oyó la voz de uno a quien amaba, alguien que la amaba a ella. Tenía una conexión con ese hombre que la persuadió a que saltara, y en ningún momento dudó que él fuera lo suficientemente grande o fuerte para agarrarla.

Shannon conocía esa voz. Confiaba en ese hombre. Saltó. Concretó una conexión física con los brazos de su padre.

Jesús usó la acción infantil de Shannon para mostrarme que ese día, ella completó una poderosa conexión con su padre. Demostró su amor por Dave confiándole su propia vida. Y Jesús me permitió saber si confiaba en Él de la misma manera.

Pero aún no estaba lista. Quería desafiar la confianza en mi Salvador y abandonarme totalmente al único que me animaba a saltar a sus brazos de amor. Pero no podía. Tenía mucho que aprender y muchas escaleras que subir.

El Amor de mi vida era paciente. Continuó día tras día mostrándome su gracia en pequeñas e inconfundibles maneras. Él sabía, y yo también, en lo profundo de mi ser, que ese día daría el salto de la vulnerabilidad y confianza total, como lo hizo Shannon. Algún día completaría la conexión de amor.

Un vistazo al pasado

Siempre asistí a la iglesia. Durante mi infancia vivíamos en un área rural de Alabama. Mi madre tocaba el piano en nuestra pequeña congregación metodista. Cuando tenía nueve años, nos mudamos a la Florida y nos involucramos en una iglesia allí. Pero no fue hasta los catorce años que escuché, por primera vez, las demandas del evangelio de Jesucristo.

Si antes me explicaron eso claramente, nunca lo entendí. Esa noche fue diferente. Escuché un relato familiar del amor de Dios, y de repente me sobrevino el deseo de entregarle mi corazón a Jesús. Me percaté de que Él había muerto por mí. Podía, en verdad, verlo, con los ojos de mi mente, parado, sonriendo, urgiéndome a ir con Él. Fui con gusto, sabiendo que con esa experiencia me convertía en una hija de Dios. Sabía que el cielo sería algún día mi casa, y todo mi ser se emocionó. Comencé a leer la Biblia con fervor y casi me inspiró a evangelizar a todo el que estuviera a mi alrededor, haciendo a menudo, más daño que bien. Llegué a ser presidenta de los jóvenes en mi iglesia y redactaba las lecciones para nuestro servicio vespertino los domingos, porque pensaba que nuestras publicaciones denominacionales no eran suficientemente buenas para evangelizar. Llena de un intenso deseo de predicar el evangelio y alcanzar a millones en el mundo que no conocían del amor de Jesús, me propuse en mi corazón llegar a ser misionera.

Sin embargo, durante mis años en la universidad, noté que Dios me estaba moviendo en otra dirección. Me casé con Dave, tuve familia y daba clases en una escuela. Pero siempre fui muy activa en mi iglesia, enseñaba en la Escuela Dominical y dirigía el grupo de mujeres.

Después de un tiempo, decidí convertirme en algo así como una experta en Biblia.

La llegada de Gina

Alrededor de los quince años de mi matrimonio, Gina entró en escena. Era diferente a la que conocí antes. Una madre joven que se divorció y se volvió a casar. Gina estaba criando dos hijos de su anterior matrimonio y un tercero de su esposo actual. Venían a todo lo que la iglesia ofrecía, estaban ansiosos de aprender y crecer.

Gina comenzó a asistir a los grupos de mujeres que yo dirigía, siempre llegaba con una extensa lista de preguntas. Nunca contenta con el estudio bíblico, una vez que yo lo exponía, insistía en aprender más. Quería saber cómo hacer a Jesús el Señor de su vida; cómo aceptar su increíble amor e incorporarlo en su diario vivir y en sus problemas familiares; cómo hacer que Jesús la protegiera con ese amor del que constantemente escuchaba.

¡Empecé a asustarme al ver a Gina! Indagaba, con todo su ser, cómo usar cada enseñanza de la Biblia, y yo no sabía como responderle. Conocía las Escrituras y podía contestar cualquiera de las preguntas conceptuales que me hacía, pero Gina preguntaba profundamente, acerca de las cosas íntimas de Dios. Hablaba de Jesús con expectación, y era difícil no percibir el hambre y la sed de su alma.

¿Qué podía hacer? Aunque estaba bien instruida en la Palabra de Dios y tenía una vida cristiana bastante centrada, o así lo creía, reconocí mi incapacidad para ayudar a Gina. Es más, muy dentro, mi propio espíritu empezaba a anhelar más lo que ella ansiaba. En mi vanidad y mi presunción siempre pensé: *Soy salva e iré al cielo cuando muera. ¿No es eso suficiente?*

Pero día a día la obsesión de Gina llegó a ser mía. Ella agitó mi metódico mundo espiritual. Trastornó mi lógica e intelectual forma de conocer y hablar de Jesús. Alteró radicalmente todas las cosas que consideraba «suficientes» para ser cristiana. Sin saberlo siquiera, ella rompió las vendas de respetabilidad y religiosidad con las que cubría mi parcialmente sano punto doloroso. Estaba adolorida.

Desesperadamente comencé a estudiar la vida de Jesucristo y la naturaleza de Dios. Tenía muchas preguntas y muchos sentimientos confusos. Pero cuando busqué la Palabra de Dios, Jesús comenzó a mostrarme lo que faltaba en mi relación con Él. Parecía que tenía algo que ver con la naturaleza tripartita de Dios y, más específicamente, con la tercera persona de la Trinidad, el Espíritu Santo.

Sabía un poco del Espíritu Santo. Él me había ayudado a creer en Jesús en primer lugar (véanse Juan 6.44; Juan 15.26), vivía en mí como creyente (véase Romanos 8.9), y me ayudaba a entender la Biblia (véase Juan 14.26). Y le agradecí por las veces que fue mi Consolador (véase Juan 14.16,17).

Pero Jesús sabía, y lo aprendí, que aún no había experimentado una verdadera amistad con esa tercera Persona de la Trinidad. Jesús también sabía que yo tenía mucha instrucción errónea, y basura de experiencias pasadas que bloqueaban tal relación. Él tuvo que mostrarme cada concepto falso y reemplazarlo por uno correcto, uno bíblico.

Mi viaje duró más de un año. (Daré más detalles en el capítulo 3.) Leí todo lo que podía encontrar y les hablé a algunas personas escogidas en las que pensé podía confiar. Pero temía que si llegaba muy cerca de la verdad sobre el Espíritu Santo, sería más vulnerable a Dios de lo que quería.

¡Qué paciente y bueno fue Jesús conmigo durante ese tiempo! No tenía idea, ni la menor sospecha, de cómo me iba a satisfacer el hambre por Él ni cómo me iniciaría en el camino a la intimidad con Él. Tampoco pensé que estaba por completar la conexión de amor con la que empezó muchos años atrás, siendo una niña de catorce años de edad.

Di el salto de sumisión

Por ese tiempo nuestra iglesia metodista llevaba a cabo una semana de servicios especiales. Dave y yo asistimos, por supuesto.

Aunque nuestro pastor es uno de los hombres más amorosos y fieles que he conocido, no le había expresado mi hambre de Jesús ni mi reciente experiencia con las Escrituras. Después de todo, él pensaba que yo lo sabía todo y admiraba mi conocimiento de la Palabra de Dios. ¿Por qué habría de contarle lo enredada que estaba?

Una noche, al final de la semana, nuestro líder visitante extendió una invitación: «Si alguien quiere experimentar una relación con el Espíritu Santo, por favor, pase adelante».

¿*Qué?*, grité dentro de mí. ¿*Escuché correctamente?*

¡Nunca había escuchado tal invitación! Pero aún bajo el impacto, el líder procedió a invitar a los que necesitaban oración por sanidad.

«¿Amor, por que no pasas adelante para que oren por tu espalda?», me susurró Dave al oído. Era cierto que por mucho tiempo había sufrido de problemas en la espalda; a veces me postraba en cama por días. Pero en ese momento la espalda era lo más lejano de mi mente. Ese hombre acababa de decir que pasara adelante si quería tener una relación con el Espíritu Santo. ¿Qué quiso decir? ¿Qué me iba a pasar?

No tenía idea, pero no pude escapar a la sensación de que el Espíritu Santo tenía más que ofrecerme de lo que había recibido. Y sabía bastante por mis estudios, como para comprender que lo que el líder ofrecía no era una extraña ni novedosa doctrina.

Corrí literalmente al altar para recibir oración. Y esa noche muchos oraron por mí para que recibiera el Espíritu Santo a plenitud.

No escuché campanas esa noche. No vi luces resplandecientes. Pero sentí una profunda sensación de paz y de amor. Me recordó la noche que recibí a Jesús como mi Salvador. ¿Y por qué no? Hay un solo Dios, pero en la unidad de su maravillosa Deidad hay tres eternas e idénticas Personas, iguales en sustancia, aunque únicos y diferentes en función. ¿Por qué el Espíritu Santo me parecía extraño y ajeno, si conocía al Hijo y al Padre?

También noté que el Espíritu que moraba en mí me había causado más hambre y sed de Jesús. Ahora quería una relación diferente a un nivel más profundo con Él. Quería intimidad. Ansiaba confiar en Él por completo.

Más tarde, de regreso a casa, me quedé dormida diciendo una y otra vez: *¡Te amo Jesús! ¡Te amo tanto!*

Al siguiente día, sentí una tibia sensación de la presencia de Dios. Llevé a los niños a la escuela, como de costumbre, después de lo cual —como parte normal en mi caminar cristiano— oraba. ¡Pero no pude esperar para orar! Mi tiempo devocional fue diferente ese día. Cuando comencé a hablar con Jesús, fue como si Él hubiera entrado a la habitación. Lo real de su presencia me inundó, y sentí sus brazos tan reales rodeándome como los de Dave o los de alguno de mis hijos.

Luego el mismo Espíritu Santo de Dios susurró en los lugares más recónditos de mi ser: *Te amo, Jan. Te amo, hija.*

Lloré y lo adoré allí esa mañana. Lágrimas de gozo y de amor mutuo, como algo que nunca experimenté, fluyeron por mis mejillas. Creo en Él. Había conocido el amor de Dios en mi mente por mucho tiempo, pero ahora lo fijó en mi espíritu.

Él me ama, seguí repitiéndome. *¡Él me ama de verdad!* No supe cuando, pero completé la conexión de amor y pude sentir una chispa sanadora empezando a correr por mi espíritu a mi punto doloroso.

¿Fue esta experiencia la cura para todos mis puntos dolorosos? No. Hacer la conexión de amor fue el *principio* de la sanidad de mi punto doloroso, un proceso que fue continuo desde
ese día aproximadamente por veinticinco años hasta la fecha.

Aparte de la salvación, no hay ninguna revelación ni experiencia en la vida cristiana que sea definitiva o total, ni siquiera
una experiencia con el Espíritu Santo. En la mayoría de los tratos de Dios con nosotras, Él parece seguir el patrón que puso en
movimiento en la creación: el modelo de crecimiento y madurez como proceso. *Cualquier* relación madura de manera progresiva, con el tiempo, mediante la interacción y la comunicación, y que incluye la relación con el Espíritu Santo. Mientras
nos sometamos a nuestro gran Amor, damos más y más pasos
con Él hacia una relación más profunda y un amor tan inescru-
table que requerirá toda una vida y eternidad para experimentar solo un fragmento de ello.

Pero una vez que crea en su espíritu que Jesús le ama, y que
su Espíritu Santo puede interpretar y expresarle su amor específica, práctica y realmente, usted va en el camino con su Amor.
Así efectúa la conexión de amor.

«Eso no resultó conmigo»

Puede que esté muy emocionada en este momento, con an-
sias de aprender más, lista para entrar en una conexión de amor
con Jesús mostrando su peor imagen para reconocer su tremenda necesidad de Él. Tal vez esté lista para responderle, so-
metiéndose en confianza a una relación profunda con Él a través del Espíritu Santo.

O puede que esté pensando: *Hice una profesión de fe y he
escuchado cientos de sermones del Espíritu Santo.¿Cuál es la
gran cosa? ¿Por qué piensa usted que su «conexión de amor»
hará alguna diferencia en mi vida, o en mi así llamado punto doloroso?*

He aquí la experiencia de una mujer que conocí. Corría yo
por un largo pasillo en el centro de descanso para mujeres,
cuando esta mujer me asió por el brazo.

—Jan —me dijo—, ¿podría hablar con usted en privado?
Acepté, y nos encontramos un poco más tarde.

—Quizá usted no recuerde lo que hablamos la última vez que nos vimos —me dijo.

Pero sí me acordaba, pese a que había transcurrido mucho tiempo desde esa vez.

Hablamos acerca del Espíritu Santo, ¿no es así? —le dije.

Correcto —respondió—. Pero quiero decirle que no me resultó. Hice exactamente lo que todos me dijeron, pero nada cambió.

¿Ha pasado usted o algún conocido suyo por la misma experiencia depresiva? Usted recibe a Jesús como Salvador, empieza a asistir a la iglesia y quizá se une a un estudio bíblico u otra clase de grupos de crecimiento espiritual. Cuando pasa el tiempo, sigue escuchando acerca de un «andar profundo» con Jesús, y eso parece más espiritual que lo que usted tiene. Ha escuchado historias respecto a experiencias de otras mujeres, como la mía. Y esas mujeres con aquellas maravillosas historias parecen tener sus vidas espirituales bien configuradas. Parecen estar en términos íntimos con Jesús.

De modo que usted decide examinar las aguas espirituales. Recita la oración que «resultó» para alguien más, o comienza un nuevo régimen espiritual que le recomendó un respetable líder cristiano. Usted quiere ver si esa «cosa del Espíritu Santo» va a llenar y sanar el vacío, su punto doloroso.

Pero lo que ocurrió con esas mujeres de las historias maravillosas nunca le ha pasado a usted. Y decide que por alguna razón falló y no tuvo una experiencia más profunda con Dios. O quizá, esa cosa del Espíritu Santo era un montón de algarabía emocional. Y su punto doloroso le duele más que antes.

Obstáculos para conectarse con el Espíritu Santo de Jesús

Jesús, el gran amante de nuestras almas, quiere que cada una de nosotras caminemos en intimidad y cercanía con Él a través de su Espíritu. Esa intimidad no es un accesorio frívolo soñado por místicos o por fanáticos locos, sino que es parte de su plan. Jesús sabe que el Espíritu Santo, en su plenitud, nos acerca a lugares que trascienden tiempo y circunstancias, una relación íntegra en la cual nuestro amor sanador comienza a penetrar nuestro punto doloroso.

Pero Satanás, el enemigo principal de Dios, se deleita en poner obstáculos en el camino de cualquiera que tenga hambre de Jesús. Satanás tiene, por lo menos, cuatro obstáculos a escoger cuando quiere tratar de mantener a los creyentes sin completar la conexión de amor con Jesús a través del Espíritu Santo:

1. La fórmula de la trampa
2. El engaño de la codicia espiritual
3. El temor a perder el control
4. Una interpretación errónea acerca del Espíritu Santo.

1. La fórmula de la trampa

Satanás siempre se complace cuando logra que quitemos nuestros ojos de la relación con Jesús y los ponemos en fórmulas, métodos y programas. Él sabe que si nos enreda al perseguir la «correcta» manera y significados de completar la conexión de amor, veremos rápidamente esas maneras y significados, y no a Jesús, nuestro Amor.

La Palabra de Dios no es, en absoluto, ninguna fórmula hecha por el hombre, ni un régimen espiritual; tampoco complicados aros que usted y yo tengamos que saltar para entrar a una relación con Él por medio del Espíritu Santo. El único requisito es estar reconciliado con el Padre a través de su Hijo, Jesucristo, que nos limpia del pecado y tiende un puente sobre el gran abismo que hay entre nosotros y su santidad. Una vez cumplido el requisito, la ilustración de la Palabra de Dios se traza para mostrarnos que hacer la conexión es algo relativo. Veamos lo que dice Jesús:

¿Qué padre de vosotros, si su hijo le pide un pescado, en lugar del pescado, le dará una serpiente? ¿O si le pide un huevo, le dará un escorpión? Pues si vosotros, siendo malos, sabéis dar buenas dádivas a vuestros hijos, ¿cuánto más vuestro Padre celestial dará el Espíritu Santo a los que se lo pidan?

Lucas 11.11-13

Yo rogaré al Padre, y os dará otro Consolador, para que esté con vosotros para siempre: el Espíritu de verdad, al cual el mundo no puede recibir, porque no le ve, ni le conoce; pero vosotros le conocéis, porque mora con vosotros, y estará con vosotros.

Juan 14.16,17

Pida y obtenga. Dé y reciba. Entrando en una relación con el Espíritu Santo, tan simple como eso.

Como cuando conocemos y hacemos nuevos amigos en una variedad de maneras y ambientes, así Dios nos acerca a una amistad íntima con el Espíritu Santo en diferentes formas y escenarios. Alguien a quien usted conoce pudo orar por cierta petición; otra pudo ir a una reunión especial de la iglesia (como yo). Una mujer pudo conectarse con el Espíritu Santo en silencio mientras oraba sola en casa. Otra pudo experimentar visible y audiblemente una liberación emocional mientras oraba en un grupo.

En su clásica obra devocional *En pos de lo supremo,* el gran maestro bíblico, Oswald Chambers, escribió: «Nunca establezca un principio de su propia experiencia. Deje que Dios sea original como lo fue con usted». La implicación es clara: Ambas cosas, lo que ocurre con su conexión de amor con Jesús, y el papel que juega en su vida, serán tan exclusivas como lo es usted. Eso no es ninguna fórmula. Es una extensión de la relación que comenzamos con Jesús en la salvación, una decisión voluntaria para entrar en una unión más profunda, un vínculo más satisfactorio con Cristo a través de su Espíritu.

Nunca trate de seguir el patrón o la fórmula de otro para iniciar esa relación. Siempre se decepcionará.

2. El engaño de la codicia espiritual

Desde que Gina expuso por primera vez mi punto doloroso, he llegado a entender, que nunca conocí una persona que tuviera una vida sin reservas, despreocupada y gozosa con Jesús que no anhelara apasionadamente esa clase de relación. Dios honra esa hambre en una manera preciosa y promete llenarnos: «Bienaventurados los que tienen hambre y sed de justicia, porque ellos serán saciados» (Mateo 5.6).

Es más, siempre que experimentemos un fuerte anhelo por Dios haremos lo que sea para acercarnos a Él, y podemos estar seguras de una cosa: Él mismo planta ese anhelo en nuestros espíritus. Como Jesús afirmó: «Ninguno puede venir a mí, si el Padre que me envió no lo trajere» (Juan 6.44). Si tiene esa clase de deseo, ¡asegúrese de que Dios ya esté trabajando para llenarla en maneras que usted no se espera!

Pero Satanás es tremendamente engañoso, y le es tan fácil plantar en nosotras la codicia por los *dones* de Dios que se disfraza como genuina hambre espiritual por Dios. El motivo de unirnos con Dios debe ser siempre hambre insaciable por Él, no un deseo egoísta de aferrarnos a nosotras mismas o de presumir ante el mundo lo que Él puede hacer por nosotras. Hebreos 11.6 nos dice que la persona «que se acerca a Dios crea que le hay, y que es galardonador de los que le buscan». No sus dones. Él.

Completar la conexión de amor con Jesús a través de su Espíritu no es algo que hagamos para mantenernos con un especial lenguaje espiritual. No es una experiencia que buscamos para asegurarnos de que no estamos perdiendo la altura espiritual que otras parecen tener. Si siente, como mi amiga, que la relación de amor con Jesús a través del Espíritu Santo no le resulta, trate de evaluar sus motivaciones. ¿Está buscando al Dador o sus regalos?

3. El temor a perder el control

El temor infundado de que perdería el control de mí misma si me atrevía a hacer la conexión de amor con Jesús a través del Espíritu Santo fue uno de los mayores obstáculos en la búsqueda de intimidad con mi Amor.

Eso era en parte porque crecí en el área rural de Alabama, y oía historias, conjeturas y rumores acerca de actividades grotescas de algunos cristianos conocidos como los «escandalosos pentecostales». Me desagrada la etiqueta, ya que no respeta el término. En realidad, nunca conversé con alguien que entendiera al Espíritu Santo como los escandalosos pentecostales. Todo lo que sabía eran chismes y rumores.

Pero cuando inicié mi búsqueda andando con Jesús en el Espíritu Santo, todas esas aterradoras historietas infantiles me acosaron. Sentía tan tremenda ansiedad que mientras más me acercaba al Espíritu Santo, más vulnerable me hacía a decir repentinamente cosas que no quería expresar ni quería hacer. Tenía una fuerte sospecha de que el precio que tendría que pagar por acercarme a Jesús sin reservas iba a ser que en cualquier momento pudiera empezar a convulsionarme o a echar espuma por la boca. Mis oraciones durante esos días inciertos debieron parecer las de una niña atemorizada, pidiéndole a Jesús que fuera tierno conmigo cuando me sacudiera abruptamente como la rara y espeluznante criatura ¡en la que *sabía* debería convertirme!

Cómo debió Jesús, mi encantador Amor, mover su cabeza con un gesto lastimoso respecto a mi errónea percepción. Ahora que lo conozco mejor, me doy cuenta de que eso era todo —una percepción sin fundamento.

4. Una interpretación errónea acerca del Espíritu Santo

¿De dónde obtenemos algunas de nuestras extrañas nociones acerca del Espíritu Santo? Algunas vienen de ciertas personas que conocemos antes de saber algo del Espíritu, o que los relacionamos con Él en maneras que nos confunden o que no nos atraen. Otras vienen de gente que profesan estar llenas del Espíritu de Dios, pero que hacen más importante su experiencia con el Dador (su «fórmula»), que el Dador mismo. Parecen vanidosas y altivas, que hasta nos hacen sentir como ciudadanas inferiores del Cuerpo de Cristo por no tener su experiencia. Agresivas en su interpretación de nuestra necesidad del Espíritu Santo, solo terminan apagándonos.

De todas las nociones extrañas acerca de la fe cristiana, las capas de conceptos erróneos concernientes al Espíritu Santo son quizás las más gruesas. Muchas de ellas vienen de entender mal lo que Dios dice del Espíritu Santo en su Palabra, la Biblia. Pero Dios no nos puede llenar con el Espíritu Santo si estamos llenas de temores, dudas e ideas falsas.

En las primeras etapas de su hambre de Jesús, puede que piense que sabe mucho del Espíritu Santo. Yo también lo pensé. Usted puede tener mucho conocimiento intelectual acerca de Él. Pero ese intelecto puede no filtrarse completamente penetrando en su espíritu.

O tal vez sepa muy poco del Espíritu Santo. Eso puede remediarlo buscando la Palabra de Dios. En el próximo capítulo quiero expresarle lo que he aprendido en cuanto al Espíritu Santo durante mi año de estudio bíblico, antes de que corriera por el pasillo de mi iglesia para saltar a sus brazos como Shannon a los de Dave.

Las mujeres de Dios tienen sabiduría para alcanzar una perspectiva bíblica respecto al Espíritu Santo, de manera que la conexión de amor con nuestro Señor se construye en la sólida roca de la Escritura.

Oración

Querido Jesús, eres, en efecto, el amor que más necesito.

Aunque confieso que a veces me he sentido culpable de tratar de encerrarte en una fórmula. A menudo he deseado que hagas por mí más de lo que te he querido por ti mismo. También, desconfío de ti pensando que quieres que sea extraña. Y he oído información incorrecta acerca de tu Espíritu, en vez de buscar tu carta de amor, la Biblia, para alcanzar el conocimiento correcto de Él.

Perdóname, Jesús, por permitir que esos obstáculos me impidan saltar a tus brazos en amorosa sumisión. Por favor, ayúdame ahora que trato de entender más de ti, de tu Palabra. Amén.

3

Lo que la Biblia dice acerca del Espíritu Santo

Una joven llamada Gloria me dijo una vez que, poco después de mudarse con su familia a otra ciudad, sentía ansiedad y depresión. Es más, le llegó a ser muy difícil hasta levantarse de la cama cada mañana.

Gloria luchó con sus sentimientos por un tiempo, luego buscó a una consejera cristiana. Le confió que había dejado en su ciudad natal a una buena amiga y que ahora sentía una nube de tristeza sobre sí, que le impedía adaptarse a su nueva situación. Ella y su amiga se conocieron en una reunión de la Asociación de padres y maestros [de la escuela] y salían juntas a trotar, hablaban con sinceridad de las cosas de sus hijos, sus habilidades maternas, y lo mejor de todo, su fe en Dios.

«Después que con lágrimas le conté mi pesar ese día en su oficina», me dijo Gloria, «ella me ayudó a regresar a mi estrecha relación con Jesús. Comencé a imaginármelo: Jesús, mi mejor amigo, ¡listo para trotar conmigo cada mañana!»

Al siguiente día, tan pronto los niños se fueron a la escuela, Gloria corrió por el parque, acompañada por el Espíritu Santo de Jesús.

«Él está aquí conmigo como cualquier otra persona que haya estado», me dijo. «Escucha, habla y nos decimos muchos secretos maravillosos».

No hace mucho que la madre de Gloria murió, Gloria corrió con Jesús y Él la consoló.

«Él comprendió mi pérdida en una manera significativa», me dijo, «y fui profundamente confortada. Estoy conociendo mejor a este amigo. Él es más que el Salvador del mundo. ¡Es mi Salvador y mi Amor. Él es real!»

La historia de Gloria destaca la manera en que la presencia del Espíritu de Jesús puede transformar circunstancias negativas en positivas, además que ofrece consuelo, amistad y un oído atento. Como conozco a Gloria sé que eso no es ningún invento, ¿inventaría un cuento conciliador para engañarme o para tranquilizar su propio dolor? Su experiencia está basada en verdades bíblicas acerca de la presencia de Cristo en nuestras vidas, a través del Espíritu Santo.

Consideremos las respuestas bíblicas a tres preguntas para entender los hechos del Espíritu Santo que nos ofrecen la ayuda práctica de Jesús en nuestras situaciones diarias. Esas preguntas son:

1. ¿Qué es la Trinidad?
2. ¿Qué podemos esperar que el Espíritu Santo haga en nosotras?
3. ¿Qué *no* hará el Espíritu Santo en nosotras?

1. ¿Qué es la Trinidad?

Puesto que la palabra Trinidad no se encuentra en la Biblia, el concepto se interpreta mal. La doctrina de la Trinidad, refiriéndose a las tres partes de la naturaleza de Dios como Padre, Hijo y Espíritu Santo, es un conjunto de creencias que han confundido y consternado a los teólogos (sin mencionar a los cristianos comunes) a través de los siglos. Aún es parte integral en nuestra comprensión de Dios como nuestro Amor.

Para mí, entender el papel de cada persona de la Trinidad fue la clave para poder ver por qué mi conexión de amor con Jesús estaba incompleta, por qué el punto doloroso en mi espíritu todavía latía de dolor. Veamos a cada Persona a continuación.

El Padre

Dios el Padre, el gran y majestuoso Creador y gobernador del universo, está presente siempre y en todo lugar. «¿No lleno yo, dice Jehová, el cielo y la tierra? Pregunta Él en Jeremías 23.24. Dios el Padre también es todopoderoso. Jeremías exclamó: «¡Oh, Señor Jehová! he aquí tú hiciste el cielo y la tierra con tu gran poder, y con tu brazo extendido, ni hay nada que sea difícil para ti!» (32.17). Y Jesús enfatizó: «Mas para Dios todo es posible» (Mateo 19.26).

Dios, que es el omnisciente, supo desde el principio del tiempo que los hombres y mujeres, a quienes creó con un tremendo anhelo de expresar su grandioso amor, iban a desviarse en su relación con Él y caerían en una separación terrible que llamamos pecado. Así que puso en acción un plan de salvación para el mundo, y empezó con un sistema de sacrificio con sangre para expiar el pecado. Este sistema, descrito en el Antiguo Testamento (véase Levíticos 1—7, 16—17), siempre fue temporal, una sombra de lo que estaba por venir.

El Hijo

El plan de Dios, a largo plazo, era venir Él mismo a la tierra y ser el sacrificio definitivo por nuestro pecado, de modo que abrió la puerta para que hagamos la conexión de amor con Él. E hizo exactamente eso, vino a la tierra en la persona de Jesús, el Hijo, que nació de una mujer, ¡con sangre en sus venas! Esa sangre tenía que derramarse para que hubiera perdón de pecado, ya que la Biblia claramente dice que «sin derramamiento de sangre no se hace remisión» (Hebreos 9.22). Y ese sacrificio fue suficiente para todo. En el Antiguo Testamento, el sacrificio con sangre tenía que repetirse una y otra vez. Pero la obra en la cruz de Dios el Hijo fue definitiva y completa.

Así que fue Dios el Padre quien envió al Hijo al mundo, y el papel de este fue ser el Cordero del sacrificio perfecto, que rendiría su vida para expiar nuestros pecados y hacernos libres para entablar una relación de amor con Dios. Por último, fue levantado de la muerte y regresó a su casa celestial.

El Espíritu

Y ahora, ¿qué del Espíritu Santo? Él, también, ha sido siempre Dios. Y sabemos que como Padre, es omnisciente; en 1 Corintios 2.10 leemos que «el Espíritu todo lo escudriña, aun lo profundo de Dios». El versículo 11 nos dice que «nadie conoció las cosas de Dios, sino el Espíritu de Dios». Y en el Salmo 139.7 podemos aprender que el Espíritu Santo es también omnipresente: «¿A dónde me iré de tu Espíritu?»

El papel del Espíritu Santo en el Antiguo Testamento es diferente al de hoy. En ese entonces, Él fue dado a varias personas para ayudarlas a cumplir ciertas tareas y servicios para Dios. Él no vivía permanentemente en los creyentes como lo hace hoy. En 1 Samuel 16.13, por ejemplo, encontramos a este profeta tomando un cuerno de aceite y ungiendo al joven pastor David como el futuro rey de Israel. «Y desde aquel día en adelante el Espíritu de Jehová vino sobre David». Dios le dio su Espíritu Santo a David para su tarea como rey.

El Espíritu Santo también se le dio a varios profetas para que tuvieran el valor de hablar la Palabra de Dios. Segunda de Crónicas 15.1,2, dice:

> Vino el Espíritu de Dios sobre Azarías hijo de Obed, y salió al encuentro de Asa, y le dijo: Oídme, Asa y todo Judá y Benjamín: Jehová estará con vosotros, si vosotros estuviereis con Él; y si le buscareis, será hallado de vosotros, mas si le dejareis, Él también os dejará.

El Espíritu también le fue dado a Gedeón, el hijo menor de una familia aparentemente irrelevante de la tribu de Manasés, de modo que pudo lograr una tremenda victoria militar para la gloria de Dios (véase Jueces 6.34—7.25).

El Antiguo Testamento aclara que Dios no solo solía dar el Espíritu Santo, también lo quitaba. Leemos en 1 Samuel 16.14 que el Espíritu Santo, que se le dio al antecesor de David, el rey Saúl, se apartó de este. Y posiblemente recordará la profunda oración de David, en el Salmo 51, cuando se arrepintió de una relación adúltera con Betsabé. «No me eches de delante de ti», rogó, «y no quites de mí tu Santo Espíritu» (v. 11). David comprendía la majestuosidad de ese regalo de Dios, y que el Espíritu Santo podía serle quitado.

Fue en Pentecostés, después de que Jesús murió, resucitó, se les apareció a casi quinientos creyentes y luego regresó al cielo para estar con el Padre, que el Espíritu Santo fue concedido —como Jesús lo prometió— para que morara permanentemente en los creyentes (véase Hechos 1.8; 2.1-4). Nosotros, que hemos estado en la iglesia por años, necesitamos sentir con admiración renovada la magnitud de este regalo que es nuestro como cristianos nacidos de nuevo. Somos más que bendecidos por el Padre de tener el gozo de su Espíritu residiendo en nosotros en el momento en que creemos en Jesús como nuestro Salvador personal.

El Misterio

Quizás continúe preguntándose: «¿Cómo puede Dios ser tres personas en una?» O tal vez, como lo expresó una joven estudiante masai: «¿Cómo puede Jesús orarle a Dios si Él *es* Dios?»

Ninguna analogía de la Trinidad puede estar cerca de definir este maravilloso e infinito misterio, pero he aquí una que aprendí de una fuente desconocida. Ayudó a mi amiga masai y también a mí.

Considere el sol. Brinda la luz del día a todo el mundo, aunque no ha tenido que dejar el cielo para que disfrutemos de ella. Vemos su luz alrededor nuestro, y aun cuando se esconde en el horizonte, el sol permanece allí. Su energía da calor y bienestar a la tierra. Sus rayos hacen que las plantas y los árboles crezcan, y nos den vitamina D, tan vital para nuestra salud. Y sin embargo, el sol nunca deja el cielo.

La Trinidad es similar. Dios el Padre es como el sol: todopoderoso, majestuoso, radica en el cielo aunque este nunca lo retiene.

Jesús es como la luz del sol. La Biblia aun lo llama la Luz, enviada a la tierra para dispersar las tinieblas de nuestro pecado (véanse Juan 1.8,9; Lucas 1.76-79). Jesús mismo afirmó: «Yo soy la luz del mundo» (Juan 8.12). Vino para mostrarnos al Padre como en verdad es, para iluminar con Él a toda la humanidad. Pero el Padre (el sol) no tuvo que dejar el cielo para enviar a Jesús (la luz) a la tierra.

El Espíritu Santo es como la energía del sol: produce crecimiento. Dios el Padre envía su Espíritu a vivir en nosotros cuando recibimos a Jesús, ofreciéndonos fortaleza y poder, que da energía para que crezcamos en Él. Y aún Dios el Padre, como el sol, permanece en el cielo reinando sobre el universo; aunque, por su Espíritu, vive en usted y en mí.

Dios el Padre, Dios el Hijo y Dios el Espíritu Santo: eternas e iguales personas con sus propias y distintas personalidades y funciones. Aún así, son Uno. Y en su unidad, se nos ofrecen a usted y a mí como el completo e incomparable Amor que nunca nos dejará.

2. ¿Qué podemos esperar que el Espíritu Santo haga en nosotras?

La obra del Espíritu Santo es amplia, aunque pocas de nosotras notemos cómo este tímido miembro de la Trinidad permea la obra de Dios a través del mundo, y se queda dentro y al lado de cada creyente en constante y amorosa devoción. Déjeme explicarle.

Mucha gente cree que la iglesia cristiana nació en Pentecostés, pero realmente comenzó cuando Jesús sopló en sus discípulos y dijo: «Recibid el Espíritu Santo» (Juan 20.22). Este nacimiento se concretó, en una manera profunda, en Pentecostés; porque fue cuando el Espíritu Santo vino a morar en los creyentes permanentemente. Dios sabía que la Iglesia no podía crecer sin esa investidura. El Espíritu Santo produce el nuevo nacimiento en cada creyente. Ninguna de nosotras podríamos confiar en Jesús, para nuestra salvación del pecado, sin la ayuda del Espíritu.

¿Por qué es eso? Porque:

El Espíritu Santo nos convence del pecado «Y [el Espíritu Santo], cuando Él venga, convencerá al mundo de pecado, de justicia y de juicio. De pecado, por cuanto no creen en mí» (Juan 16.8,9). No importa dónde escuchamos el mensaje del evangelio o quien predicaba o enseñaba, fue el Espíritu mismo quien nos motivó a estar conscientes de nuestra condición pecaminosa.

El Espíritu nos ayuda a confiar en Jesús para nuestra salvación. Juan 6.44 dice (como vimos) que nadie viene a Jesús a menos que el Padre lo acerque a Él. Pablo afirma: «Porque el Señor *es* el Espíritu» (2 Corintios 3.17, énfasis añadido). Y como Juan 16.13 señala que el Espíritu «no hablará por su propia cuenta», sino que habla lo que el Padre le dice que hable, el Padre nos acerca a Jesús con un toquecito del Espíritu Santo.

El Espíritu trae vida a nuestros espíritus muertos. El pecado mata nuestro espíritu (véase Efesios 2.1,2,5), pero Jesús le dijo a Nicodemo: «De cierto, de cierto te digo, que el que no naciere de agua y del Espíritu, no puede entrar en el reino de Dios. Lo que es nacido de la carne, carne es; y lo que es nacido del Espíritu, espíritu es» (Juan 3.5,6). De manera que el Espíritu «nace» en nosotras cuando confiamos en Jesús.

¡El Espíritu nos inicia! Esto pasa «por el lavamiento de la regeneración y por la renovación en el Espíritu Santo» (Tito 3.5).

¡El Espíritu Santo hace más aún! Jesús, hablando primero en la tierra y luego a través de su siervo Pablo, dijo que el Espíritu:

> Nos sella, o pone un depósito en nosotros, hasta que nuestra redención sea completa en el cielo (véase Efesios 1.13,14).

Nos ayuda consolándonos (véase Juan 15.26).
Nos ayuda a orar como es necesario (véase Romanos 8.26).
Nos enseña (véase Juan 14.26).
Nos trae a la memoria lo que Jesús dijo que necesitamos recordar (véase Juan 14.26).
Nos guía, tanto general como específicamente (véanse Romanos 8.14; Hechos 8.29).
Nos ayuda a ver la gloria de Jesús para que podamos parecernos más a Él (véase 2 Corintios 3.18).
Nos refrena, o nos detiene, del mal (véase 2 Tesalonicenses 2.7).

Si hay alguna duda en su mente, de que el Espíritu Santo es una Persona, después de la lista anterior, permítame decir que Él también:

Tiene sentimientos (véase Efesios 4.30), lo cual incluye sufrimiento o dolor (otra vez, véase Efesios 4.30), y se afrenta (véase Hebreos 10.29).
Es inteligente (véase 1 Corintios 2.10,11).
Se le puede mentir (véase Hecho 5.3).
Se le puede resistir (véase Hechos 7.51).

Sobre todo el Espíritu Santo es un regalo de Dios, como declara Romanos 5.5 ¡No es un premio por buena conducta!
Entonces, ¿qué podemos esperar, de una nueva cercanía a Jesús en el Espíritu Santo? Podemos ver más de Jesús en nuestras vidas. Él quiere nuestra alianza con Él para que estemos tan cerca que sea difícil decir en dónde comienza Él y dónde terminamos nosotros, o dónde comenzamos nosotros y dónde termina Él. Quiere arrebatarnos con su amor a una afinidad y un gozo con Él mismo, y luego ¡que ese amor que brota en nuestras vidas, toque a todas nuestras amistades, circunstancias y nuestro mundo!
Estamos llenos del Espíritu Santo, de acuerdo con los cuatro evangelios escritos, por un hecho de nuestro Amante, Jesús.

Juan el Bautista dijo: «Yo a la verdad os he bautizado con agua; pero Él [Jesús] os bautizará con el Espíritu Santo» (Marcos 1.8; véanse también Mateo 3.11; Lucas 3.16; Juan 1.33).

El Espíritu Santo planta un deseo consumidor por más de Jesús en nuestros corazones, y Jesús lo satisface bautizándonos con su Espíritu. Recibimos el Espíritu en nuestra salvación. Su Espíritu mora en nosotras con fuerza para producir fruto y poder. Pero en este bautismo experimentamos mayor condescendencia ante su presencia y voluntad así como una amistad más profunda en su compañía, porque Él anhela que disfrutemos su compañía. Si usted es cristiana nacida de nuevo, nunca deje que alguien le diga que no tiene el Espíritu Santo. Pero, ¿la ha bautizado Jesús con su Espíritu? Usted lo tiene a Él, esté segura, solo que en este bautismo ¡Él tendrá más de usted! Él quiere que recibamos todo lo que tiene para nosotras y que nos volvamos todo lo que podemos ser para Él.

3. ¿Qué es lo que el Espíritu Santo *no* hace en nosotras?

Muchos cristianos piensan que han «tratado» al Espíritu Santo o que han tenido alguna experiencia con Él, pero se desilusionan y se desconectan porque tenían expectativas no bíblicas respecto a lo que el Espíritu Santo haría en sus vidas. Necesitamos examinar con cuidado tales expectativas y percatarnos de que estas casi siempre se obtienen de falsas suposiciones, de entender mal la Biblia y de observar a otros cristianos y sus afirmaciones.

Primera expectativa falsa: Hacer la conexión de amor con Jesús por medio del Espíritu Santo es lo mismo que caminar en el Espíritu. «*Caminar en el Espíritu*» es simplemente eso: colocar, en forma deliberada, un pie frente al otro espiritualmente, mientras aprendemos a rendirnos cada día al amor del Salvador, entretanto que aprendemos a obedecer las leyes de su reino y a permitir que su Espíritu escudriñe nuestros corazones y vidas en la manera amorosa que solo Él puede hacerlo.

Hacer la conexión de amor con Jesús a través del Espíritu Santo es un paso en la dirección correcta, pero no garantiza que le permitiremos al Espíritu reinar en nuestros corazones. No garantiza que pondremos nuestra voluntad a seguir la de nuestro Amor, o a nuestros pies a seguir los pasos de Él.

El Espíritu Santo nunca dejará de habitar en nosotros, gloria a Dios, pero sí podemos «tener pérdidas de su plenitud» si no permanecemos, o no nos mantenemos día a día, paso a paso en comunión con Jesús. Y eso no sucede por magia; ocurre por obediencia.

Segunda expectativa falsa: Cuando sea llena del Espíritu Santo de Dios, seré una supercristiana, que nunca dirá o hará nada malo. Esta equivocación de que la actividad del Espíritu Santo en nuestras vidas ciertamente resolverá muchos problemas, es común. Estar llena del Espíritu Santo de Dios no es ningún sustituto mágico de un estudio bíblico, de una vida de oración disciplinada, de una franca adoración y devoción al Señor o de la comunión con otros creyentes. Estos principios bíblicos parecen privilegiar y ejercitar en nuestra fe los medios que Dios nos ha dado para que desarrollemos un carácter cristiano, reabasteciendo nuestra «llenura» y manteniéndonos cerca de nuestro Amor.

Cada relación (como dije) es un proceso, y eso incluye la que tenemos con nuestro Amor, Jesús, a través del Espíritu Santo. Nuestros caracteres no son repentinamente perfeccionados, sino que continuamos convirtiendo en experiencia lo que llegamos a ser instantáneamente, por gracia, en el momento en que creímos por primera vez. Colosenses 3.10 nos dice que los creyentes son «seres renovados». Segunda de Corintios 4.16 se refiere a la persona interior que «se renueva día a día». La realidad del amor de Jesús por nosotros, y nuestro amor por Él, se profundiza y crece con cada nuevo encuentro y con la verdadera entrega diaria para vivir a la manera de Jesús a través del poder de su Espíritu. ¡Pero el Espíritu Santo no se nos da como una via rápida para establecer esta relación!

Tercera expectativa falsa: Estar llena con el Espíritu Santo de Dios me hará instantáneamente una predicadora o evangelista. Estar llena con el Espíritu Santo, y permitirle caminar y vivir con nosotras diariamente, nos hará más parecidas a nuestro

Amor, y nos capacita, por lo tanto, para acceder a su poder en cada tarea que ponga frente a nosotras. Sí, el Espíritu Santo nos puede ayudar a vencer nuestros temores y timidez al expresar las buenas nuevas de Jesús, si seguimos en comunión con Él.

Pero la Biblia es clara respecto a la singularidad de cada creyente, en personalidad y en el don espiritual para ministrar; el Espíritu Santo nos da más cuando nos acercamos más y más a Él. Ese es otro asunto, y se han escrito muchos libros buenos para ayudarle a entender eso. Pero, para el propósito de nuestra discusión, es importante recordar que su relación con Jesús, su Amor, es lo que Él quiere que enfoque. Cuando necesite ayuda especial para tareas delicadas, Él estará en medio de ellas.

Esas son, entonces, las tres expectativas falsas más comunes en cuanto al Espíritu Santo. Puede que usted tenga otras, dependiendo de su trasfondo y experiencia. Es importante revisarlas frente a la Biblia para que la relación con su Amor a través del Espíritu no se base en erróneas ideas humanas.

Si por cierto tiempo escucha baladas acerca del amor humano, se dará cuenta de la inestabilidad, el precario equilibrio y las nociones incorrectas de que ese amor puede realizar cualquier cosa, y de los «confusos afectos» que se marchitan por completo y tan rápido a la luz de las realidades de la vida. Nuestro Amor celestial nos ofrece una clase diferente de relación. Él es Señor de la razón y del orden, Señor de la mente y de las emociones. Y por nuestro bien, quiere que nuestra relación con Él se fundamente en la base firme de la verdad de su Palabra.

Confíe en su Amor

Confíe. Esa breve palabra evoca muchas emociones y temores en nuestros corazones. Pero creer es decisivo para la conexión de amor y la sanidad de nuestros puntos dolorosos. Jesús quiere llevarla a un nivel superior de confianza en Él mediante el Espíritu Santo. Él la ayudará a hacerlo.

¿Cuál es su parte? Una vez que crea en Jesús, para su salvación, pídale que le ponga hambre y sed de Él, y un anhelo por una intimidad que sea más que una simple creencia, ritual o hábito. Pídale que le llene con su Espíritu Santo. Suba la escalera de la confianza, mire hacia abajo a su Amor, y escúchele decir en tono de profundo amor y seguridad: «Avanza, salta. ¡Yo te agarraré!»

En la siguiente sección, discutiremos varias maneras específicas en que podemos confiar en nuestro Amor, para que sane, llene y vuelva a llenar nuestros puntos dolorosos con su generosidad ilimitada. En el capítulo 4, veremos cómo ofrece Jesús la oportunidad para muchas de nosotras que anhelamos: sustituir con un nuevo y precioso título, los nombres de nuestro pasado; los que significan dolor y vergüenza, y que nos impiden convertirnos en todo lo que Él quiere que seamos.

Oración

Mi Salvador, la Trinidad es para mí un concepto difícil de entender, sin embargo lo creo. Gracias, Padre, por tomar la iniciativa en mi salvación. Y te alabo, Jesús, por haber venido a morir por mí. ¡Creo en tu resurrección y sé que estás vivo!

Amoroso Espíritu Santo, no quiero que me seas extraño. Gracias por venir a morar en mí en el minuto en que creí en Jesús como mi Salvador. Saca cualquier idea preconcebida que me impida conocer tu plenitud. Lléname por completo. Quiero disfrutar la intimidad con mi Salvador, y solo tú puedes llevarme a esa unidad. Por favor, enséñame a escuchar y a deleitarme en tu compañía. Amén.

PARTE 2

CONFIEMOS EN EL ÚNICO QUE NOS AMA

4

Él nos da un nombre nuevo

Los nombres pueden ser divertidos y reveladores. El mío es Bárbara Janis, pero al crecer mi familia y mis amigos me llamaban Bobbie. Nunca pensé mucho en eso, pero cuando tuve cerca de veinte años, y me mudé a Washington, D.C., todo cambió.

Compartía el cuarto con una buena amiga y trabajaba para ganar suficiente dinero para mi futura educación. Ambas éramos cristianas, maduras en ciertos aspectos pero no en otros, y disfrutábamos de algunos alocados y maravillosos momentos juntas en la capital de nuestra nación.

Una noche nos invitaron a una fiesta con acompañante a una base militar cercana. Por alguna razón loca, decidimos cambiarnos los nombres para el evento. Después de todo, nadie nos conocía allí y podríamos escoger los nombres que siempre nos gustaron.

—¡Roxanne! —dijo mi amiga, indicando su primera elección.

—No —me reí—. ¡Esa no eres tú!

Finalmente escogió el nombre Lynn, y yo decidí llamarme Jan, ya que era parte de mi verdadero nombre, y me gustaba. Camino a la fiesta, practicamos nuestros nombres nuevos una y otra vez, para no confundirnos.

—Lynn —le seguí diciendo—. Tú serás Lynn esta noche.

—Jan, Jan, Jan. ¡Ah, espero recordarlo! —decía «Lynn».

Toda la noche usamos nuestros nombres nuevos con pericia y estábamos profundamente orgullosas de nosotras mismas. No imaginaba que conocería a alguien en esa fiesta que terminaría figurando como parte importante del plan de Dios en mi vida. Su nombre era Dave McCray, y en seguida nos comenzamos a ver con regularidad.

Casi a los tres meses de esta nueva relación, le revelé mi verdadero nombre a Dave.

—Realmente soy Bobbie —le dije, sintiéndome un poco tonta al explicarle mi absurdo engaño.

Dave me miró por un momento, luego se sacudió la cabeza.

—No —respondió—, tú eres Jan.

Y desde entonces he sido Jan.

Jesús conoce su verdadero nombre

El enamorado a menudo escoge un nombre especial para su amada, uno cariñoso o muy íntimo que describe un atributo particular o cierta característica. Así mismo, Jesús tiene nombres nuevos para cada una de nosotras. Un paso importante al confiar en nuestro Amado y permitirle que sane nuestro punto doloroso es aceptar el nombre nuevo que tiene para nosotras.

En Isaías 43.1, Dios nos dice a usted y a mí: «No temas, porque yo te redimí; te puse *por* nombre, *Mía* eres tú» [énfasis añadido]. Llamar a una persona por su nombre implica un conocimiento personal y, en este mundo cada vez mas despersonalizado, es un sentimiento que implica preocupación. Para Dios llamarnos por nombre significa eso y más. Implica un profundo entendimiento, amor y ternura. ¡Qué maravilloso es para cada una de nosotras ser llamadas por nuestro nombre por el Dios del universo!, y aún más, saber que su Hijo Jesús, nos ama lo suficiente como para darnos nombres reales, ¡nombres ideales!

Los nombres en la Biblia

En los tiempos bíblicos, los nombres no se asignaban por casualidad, como lo hacen a menudo hoy. Los nombres tenían sentido y significado. Con frecuencia la hija era honrada con el nombre de lo que su madre esperaba que fuera. Algunas veces el nombre del niño indicaba una emoción o circunstancia específica que la madre o el padre experimentaba al momento de su nacimiento. José, por ejemplo, fue vendido como esclavo por sus hermanos, y llamó a su primer hijo *Manasés,* que significa «hecho para olvidar», porque Dios lo ayudó a olvidar aquellos recuerdos dolorosos. A su segundo hijo, lo llamó *Efraín,* que significa «fructífero». Con su nacimiento, José celebró la bendición de Dios sobre él y su familia, aun en la tierra del cautiverio.

En realidad, Dios cambió varias veces el nombre de algunos porque su antiguo nombre no concordaba con la persona o sus circunstancias. Recuerde a Jacob, cuyo nombre significaba: «Aquel que toma por el talón» o «sustituto», por su condición de segundo hijo y conspirador del engaño que él y su madre tramaron para robarle la primogenitura y la bendición familiar a Esaú, su hermano gemelo, a quien le pertenecía.

Jacob, el suplantador, soportó muchos hechos desagradables, algunos de ellos causados por su propia naturaleza engañosa, antes de que viniera a humillarse y arrepentirse delante de Dios. Finalmente llegó el momento en que luchó toda la noche, orando con desesperación para conseguir la bendición de Dios. Y en ese momento Dios le cambió el nombre de *Jacob,* el arrogante impostor, por Israel, que significa: «El que lucha con Dios» o «el hombre que se agarró de Dios». Dios sabía por el corazón y las acciones de Jacob que el viejo nombre ya no le quedaba bien.

El apóstol Pablo era Saulo de Tarso, un judío educado con toda clase de razones terrenales para enorgullecerse. Saulo mataba a los seguidores de Jesús con ardor. Como fariseo devoto, pensaba que le rendía un servicio a Dios. Luego tuvo un encuentro extraordinario con Jesús en el camino de Jerusalén a

Damasco. Gradualmente obtuvo el nombre de *Pablo,* la contraparte romana de su apelativo judío, que significa: «de pequeña consecuencia»; quizás para recordarle que nunca sucumbiera a la alabanza y el honor humano, sino que siempre le diera la gloria a Dios por sus logros.

Otros personajes mencionados en el Nuevo Testamento también pasaron por el cambio de nombre para que pudieran verse más como Jesús los veía. Simón, el discípulo, fue uno de ellos. Jesús lo llamó para que lo siguiera y Simón respondió. Un día, mientras el Maestro y sus discípulos andaban por el camino, les preguntó quién pensaba la gente que era Él. Ellos le respondieron que muchos creían que era Elías o Jeremías u otro profeta. Entonces Jesús planteó la pregunta que registraría la historia de la Iglesia como la más importante de la era: «Y vosotros ¿quién decís que soy yo? (Mateo 16.15).

«Tú eres el Cristo, el Hijo del Dios viviente», le contestó Simón, gozoso y entusiasmado.

Esa fue la respuesta correcta; y en ese preciso momento, Jesús le cambió el nombre a Simón por *Pedro,* que significa «roca». ¿Por qué? Porque Jesús sabía que la realidad y la verdad de esta confesión iba a ser el fundamento en el cual la Iglesia se edificaría. También sabía que Pedro se convertiría en el gran pastor y líder de la iglesia primitiva.

¿Se consideró Simón Pedro una roca, sobre todo tras negar tres veces que lo conocía, aquella noche antes de la muerte de Jesús? Lo dudo. Pero Jesús no vio a Pedro como el pescador impulsivo y terco que declaraba serle fiel, y luego caía víctima de la flaqueza humana. Él vio el potencial de su discípulo y le dio este nombre nuevo como una fuerte confirmación del poder de Dios que trabajaría poderosamente a través de Pedro. Jesús le dio un nombre que encajaba con su confesión del propósito de seguir a su Señor hasta el final, y pronosticó su participación futura en el Reino de Dios.

Cuando nosotras, al igual que Pedro, encontremos a Jesús haciendo la conexión de amor, debemos permitirle que nos dé un nombre nuevo. Hasta que no hagamos eso, no podremos confiar completamente en Él como el Amado que más necesitamos.

Rechacemos los nombres incorrectos

Muchas de nosotras cargamos con nombres incorrectos, ya sea consciente o inconscientemente, apelativos que traicionan nuestros puntos dolorosos, títulos que no encajan con la nueva relación con nuestro Amado ni con nuestra nueva posición en su Reino. Algunas llevamos más de un nombre erróneo, y si bien experimentamos la salvación y la llenura del Espíritu Santo, y hasta establecimos la conexión de amor, no nos percatamos de que Él puede librarnos de esos «nombres» que lastiman.

Antes de aceptar el nombre o los nombres nuevos que Jesús escogió para nosotras, necesitamos identificar algunos de los anteriores que nos impidieron florecer en la persona que Él sabe que en realidad somos. ¿Conoce usted los nombres antiguos que debe destruir? Ellos afectan su relación con Jesús y con los demás, pero puede que estén tan arraigados a usted, que sus significados se convirtieron en parte de su personalidad. Pueden parecer naturales, familiares, acoplados a una comodidad que le hace temer dejarlos atrás, aunque sepa que son mortales.

¿Cuáles son algunos de esos nombres? Estos incluyen: *No amada, Indigna, Condenada e Inapropiada.* Otros son: *Rechazada, Confundida, Deprimida, Ilógica, Insignificante, Desesperada y Fracasada.* También podríamos agregar: *Vencida, Fea, Atrapada, Estúpida, Hueca y Vacía.*

Nombres como esos, y otros que agobian su espíritu desconsoladamente día tras día, pueden haberse reforzado en usted, a través de los años, debido a relaciones incorrectas y perjudiciales —algunas no escogidas por usted— que ocasionan daño y autocondenación.

Las circunstancias de su nacimiento y su vida actual pueden parecerle chocantes, pesándole con un sentimiento de inutilidad, una sensación de que nada va a cambiar nunca, aparte de usted. Y a pesar de todo, los nombres erróneos que acarrea sabotean en silencio la verdad de lo que Dios dice que es usted.

¿Qué puede hacer? Pídale a Dios que la ayude a reconocer, rechazar, abandonar y destruir esos nombres. Pero antes de hacerlo, necesita uno o varios nombres nuevos para reemplazarlos. Ese nuevo título viene de la Palabra y del corazón de Dios. Veamos en las siguientes páginas varios nombres, y la vida de las mujeres que los reclamaron.

Su nombre es... *Amada*

¿Cuántas veces le han dicho que Jesús la ama? Si se crió dentro de la iglesia, no solo debió escucharlo cientos de veces, ¡hasta lo cantaría otras tantas! Aun si creció fuera de la iglesia, la frase: *Jesús me ama, bien lo sé,* puede ser una dulce y confortante expresión grabada desde su niñez, la cual abraza cuando la vida se le hace insoportable. Pero a pesar de los frecuentes recuerdos dulces (¡aun en el medio secular!) de que somos amadas por Dios, nos volvemos inmunes a esta gran verdad. El concepto del amor de Dios se ha generalizado, incluso popularizado tanto, que fallamos al reclamar personalmente el nombre que Él anhela darnos: *Amada*. Si desea encontrar la sanidad de su punto doloroso y aprender a confiar en su Amado con entrega, esta verdad tiene que profundizarse en su espíritu: Su nombre es *Amada*.

La Biblia confirma este asunto en casi cada página. Desde Génesis hasta Apocalipsis leemos la historia de amor de un Dios cuyas criaturas han usado su regalo del libre albedrío para rechazar la obediencia, el amor y la luz en favor del pecado, el odio y las tinieblas. Leemos acerca de su plan de volvernos a comprar, de redimirnos para Él. Su inagotable, infinito e incondicional amor se repite una y otra vez en su trato con Israel e individualmente en la vida de aquellos que lo conocen.

El amor de Dios no tiene nada que ver con que nosotras seamos adorables o dignas. Viene de un Dios que se preocupó tanto por sus sufridos hijos e hijas —que toman decisiones con efectos devastadores— que tuvo que llegar a todos los extremos para reconciliarlos con su corazón amoroso.

Dios nunca disculpa el pecado que nos separa de Él, pero dejó la adoración y la gloria del cielo para venir a la tierra a darle un golpe mortal al pecado. Él se pudo permitir —el todopoderoso, todo majestuoso Dios del universo— transformarse en un bebé y nacer de una mujer. A través de sus venas correría la sangre para que nuestros pecados fueran perdonados, a fin de ser hechos rectos en Él. Prefirió pasar por la agonizante y brutal muerte de crucifixión que dejarnos morir en nuestros pecados sin Él, desconociendo que somos amadas.

Nótese un punto vital: *Él inició este maravilloso amor y lo puso en acción, sin que nosotras se lo pidiéramos.* No esperó a que actuáramos juntas. Él sabía que nunca podríamos hacerlo. Por eso mostró ese increíble amor, en el tiempo en que aún estábamos en medio de nuestro pecado, dando su vida por cada una de nosotras (véase Romanos 5.8).

¿Quién más podría amar así? ¿Quién más nos iba a buscar y alcanzar para revelarnos su amor una y otra vez? Solamente Dios, a través de la persona de Jesús, nuestro gran Amado. Nunca ningún ser humano ha amado o pudo amarnos con ese amor incondicional, ese autosacrificio, porque hablando en términos humanos, eso es imposible. Solo el amor de Dios es abnegado por completo, perfecto, totalmente sin defecto o limitaciones.

«Con amor eterno te he amado», susurra su incomparable Amado (Jeremías 31.3). Su amor es un hecho concreto, total y completo hoy. No mide el sesenta por ciento ahora con la promesa del setenta por ciento para cuando mejoremos un poco. Ni mide el cien por ciento hoy, para solo dejar salir un cincuenta por ciento mañana. Usted y yo somos amadas tal como somos, al cien por ciento, y este amor nunca va disminuir ni fluctuar siquiera una pizca.

¿Cómo puede ser eso? Porque el amor de Dios para nosotras es parte de su carácter invulnerable. Él no puede dejar de amarnos.

Estamos acostumbradas al amor triunfante, conseguido con nuestra conducta, intelecto, buena apariencia o personalidad. Solemos saltar entre luces para agradar a la gente y recibir el amor que anhelan nuestros puntos dolorosos. Creemos que si terminamos haciéndonos suficientemente agradables, la gente nos amará. Esta falacia solo hace que nuestros errores e imperfecciones se agudicen más, y terminemos viviendo en una rutina; en realidad, nunca lo haremos con efectividad. Cuando al fin la verdad del amor incondicional de Dios fluya en nuestros espíritus y se derrame en nuestra diaria existencia, seremos libres de saltar para siempre.

«Pero, ino puedo entender un cuento de hadas como ese!» Dirá usted. Y tiene razón. Nuestro concepto de Dios está tan confundido con las emociones y experiencias dolorosas, y con las influencias de nuestro pasado, que no podemos concebir en Él a un ser diferente a la gente que nos ha dado y quitado el amor a través de los años. Necesitamos cambiar la definición de la palabra *amor* para que nuestro pasado no nos impida la nueva relación con nuestro Amado.

¿Cómo acepto mi nuevo nombre, *Amada*?

La clave para aceptar su nombre nuevo, *Amada,* no yace en comprenderlo, porque nunca lo hará; sino en dar otro salto de confianza basado en su conexión de amor con Jesús a través del Espíritu Santo. No permita que la atrapen preguntas como «¿Por qué me ama?» o «¿Cómo es que me ama?» iEl hecho es que Él la ama!

Regresando a la historia de Pedro, esta le ayudará a captar la manera en que el Espíritu puede implantar la realidad de su amor en su vida, darle un nombre nuevo de una vez y por todas. ¿Recuerda cuando Jesús le cambió el nombre a Simón por Pedro? Simón solo había expresado la verdadera identidad de Jesús —que Él era el Hijo del Dios viviente. Pero el Señor no quería que Simón Pedro, en su orgullo, usara mal esa información, así que le explicó a su impetuoso amigo que: «No te lo reveló carne ni sangre, sino mi Padre que está en los cielos» (Mateo 16.17).

En otras palabras, Pedro no aceptó esta verdad profunda solo por estar cerca de Jesús y ver los milagros, así como usted nunca captará la realidad de su nombre nuevo, *Amada,* por haber crecido en la iglesia o por cumplir ciertos rituales. El Espíritu de Dios impartió esta verdad a Pedro, y le ayudó a dar un gran salto de confianza que transformó su relación con Jesús.

El mismo Espíritu Santo debe revelarle el amor incondicional de Jesús, el regalo que cambia su nombre al de *Amada*. Por usted misma no podrá comprenderlo, aunque su intelecto lo crea. Pero Jesús, su Amado, quiere que experimente su amor en lo profundo de su espíritu. Aquí es donde este necesita ser derramado, sobre su tosco punto doloroso, hasta que el dolor comience a responder a su divino bálsamo sanador.

Su nombre era Deprimida

Conocí a Pati a través de un grupo de estudio bíblico, y disfrutaba de su deleite y entusiasmo por Jesús. Es una de las personas más sinceras que he conocido, ama a Jesús con la pasión del Amado de su vida.

Pero no siempre fue así. Pocos años antes, Pati se autodescribía como creyente «nominal», desconectada de Dios excepto por las oraciones de su madre, una cristiana firme. Cuando los hijos de Pati tenían cinco y siete años, ella cayó en una severa depresión. Su médico la puso bajo antidepresivos, pero la oscuridad persistió.

«Algunos días no podía recordar si les había dado el desayuno a los niños», me dijo, «me sentía aislada de todo».

Desesperada, tomó aun el consejo de su madre y trató de leer la Biblia y orar, pero no se podía concentrar lo suficiente como para adelantar algo.

«Algunas noches me paraba frente a la ventana después de que todos se acostaban, y veía el cielo oscuro», me confesó, «deseaba que Dios simplemente me dejara morir y así podría salir de aquella miseria».

Por último, Pati se sintió incapaz de avanzar con su depresión. Nada parecía librarla de su oscuro abismo. Un día, mientras hacía sus quehaceres domésticos como madre y ama de casa, sintió que estaba haciendo algo que parecía una decisión involuntaria en su corazón.

«Todo el día», me relató, «estuve diciéndome a mí misma que ese sería el último de mi vida. Pensé que mis hijos estarían mejor sin mí».

Pero en su desesperación Pati hizo una petición final a Dios.

«Por favor, ayúdame hoy, Dios, ¡si es que estás allí!», gritó. «Envía a alguien hoy mismo para que me ayude, ¡si es que eres real!»

En las primeras horas de la tarde alguien tocó a su puerta. Al abrir, se encontró con una mujer, que le dijo: «¡He venido a decirle lo mucho que Jesús la ama!» Ella no sabía si explotar de alegría.

Dios contestó la oración de Pati. No solo envió a alguien a disuadirla de su pacto suicida, con ello proveyó su realidad. Eso debió ser bastante maravilloso. Pero debido a su exorbitante naturaleza, Él derrochó su ternura en su hija perdida, instruyendo a su mensajera para que le diera a Pati su amor, la invitación tan desesperada que ella necesitaba para mantenerse viva.

La crisis depresiva de Pati le abrió el corazón a un anhelo por Dios que nunca supo que existía. Probablemente su madre estuvo orando por eso ese mismo día, cuando Pati no solo le gritó a Jesús sino que comenzó a sentir hambre y sed de Él.

En esa ocasión, Pati le pidió a Dios que se le mostrara. Él lo hizo —en una manera directa, personal e inconfundible— y le cambió su nombre de *Deprimida* a *Amada*.

Un encuentro que tuve con Pati, después de que ella y su familia se mudaron a la costa este de la Florida, me mostró la profundidad del cambio que experimentó.

Después de mucha oración, Pati decidió que Jesús la quería conduciendo un ministerio en la playa. Durante el día, caminaba por la playa, en Fort Lauderdale, con la Biblia en la mano. Una camiseta hecha a su medida se convirtió en su uniforme. Por un lado decía: *¿A quién le importa?* en letras grandes. En el otro, en letras del mismo tamaño, decía: *¡A Jesús le importa!*

Un día, un joven la abordó, y le gritó:

—¿A quién le importa? ¡De veras me gusta su camisa, señora! ¿Dónde la compró?

Antes de que le respondiera, él dijo:

—¿A quién le importa? ¡Es cierto! *A nadie* es a quién le importa.

Pati notó que él pasó por alto algo. Ella se volteó, con una sonrisa, y le mostró el otro lado de su camisa. La expresión del joven cambió abruptamente. Tomándola por el brazo, le dijo:

—«¿A Jesús le importa?» ¿Es usted una de esas fanáticas de Jesús? Ya no me gusta esa camisa, señora.

Le agarró el brazo apretándoselo. Su voz parecía enojada.

—¡Fuera de nuestra playa! No tiene ningún derecho de venir por aquí vistiendo esa camisa.

Pati lo miró a los ojos y le dijo suavemente:

—Escuche, hubo un tiempo en que pensé que a Jesús tampoco le importaba. Tenía dos niños, pero mi vida estaba tan llena de dolor que decidí hacer un día el último sobre esta tierra.

El enojado se calmó. Pati oró con la ayuda del Espíritu Santo.

—Ansiosa y desesperada, clamé a Dios —continuó—, y le dije que me enviara a alguien que me ayudara, si en verdad le importaba, porque yo no soportaba más.

El joven soltó el brazo de Pati.

—Dios *sí* envió a alguien ese día. Ella fue la que me dijo lo mucho que le importaba a Jesús. Dios salvó mi vida, y le prometí que nunca dejaría de decirle a las personas que a Jesús *sí* les importa, que Él les ama profundamente y que puede ayudarles.

El joven se quedó mirándole la cara a Pati. Ella no sabía qué hacer.

—¿Cree usted que Jesús podría amarme? —le preguntó.

Con la brisa acariciándole el cabello y el amor de Jesús fluyendo en su espíritu, Pati se sentó en la arena con el joven y le habló de las riquezas de la gracia de Dios por medio de su Hijo. Su Amado la estaba usando como un vaso tierno para mostrar a otros su amor.

Para comenzar a deshacerse de sus nombres incorrectos y recibir el nombre *de Amada,* debe pedirle al Espíritu Santo de Dios que siembre esta verdad auténtica en su espíritu. Solo Él puede hacerlo. Está esperando, con amor, y anhelando en su corazón, escuchar su voz y llamarla *Amada.*

Su nombre es... Perdonada

Jesús quiere darle otro nombre, además de *Amada,* para remplazar aquellos incorrectos que ha acarreado. Ese nombre es *Perdonada.*

Es fácil ver, como descubrimos con el nombre *Amada,* que quizás creamos intelectualmente que somos perdonadas, pero nunca lo aplicamos a la sanidad de nuestro punto doloroso. Podemos entender que Dios sabía que íbamos a pecar, de manera que envió a Jesús a morir como sacrificio en la cruz, para pagar por nuestros pecados. Pero todavía caemos en la trampa de creer que nuestras obras nos hacen merecedoras de su perdón, por lo que perdemos el objetivo, de modo que bloqueamos una relación profunda con nuestro Amado.

Llamarse *Perdonada* es una bendición inmerecida. El perdón de Dios no tiene nada que ver con nuestros méritos aunque sí todo con su gracia, su favor inmerecido ante nuestro pecado. El perdón de Dios está conectado con su amor; ambos están entretejidos de manera indestructible en una hermosa pieza de tela. Se nos llama *Perdonadas* porque su amor envió a Jesús a la cruz, completamente por su propia iniciativa.

El profeta Miqueas usó la metáfora de los grandes océanos del mundo como explicación a la inmensidad del perdón de Dios. Él dijo: «Y echará en lo profundo del mar todos nuestros pecados» (Miqueas 7.19).

¡Qué cuadro tan hermoso! El océano es inmenso y sin fin, virtualmente insondable. Y Miqueas nos dice que nuestro pecado, una vez confesado, es consumido por el inmenso, infinito e insondable océano del perdón y olvido de Dios. Se va, nunca sale a la superficie. Él mismo lo echó allí, ¡y nunca tenemos que temer que algún día saldrá a la superficie! La experiencia del perdón real y de recibir el nombre nuevo *Perdonada* debe limpiar para siempre cualquier nombre incorrecto que usted haya cargado.

Hace muchos años di una conferencia a mujeres en la que conocí a una joven llamada Ana, a la que hacía poco se le diagnosticó la enfermedad de Hodgkin [cáncer linfático]. Me acerqué a ella inmediatamente por dos razones: su cercana edad a una de mis hijas, y su profunda sensibilidad a Jesús, a quien conoció siendo adulta. Creció en una familia en la que no se honraba al Señor, ni siquiera lo reconocían, en sus propias palabras; Ana nunca «recibió mucho amor paternal ni maternal». Sus padres tenían muchas necesidades propias como para atender las de sus hijos. Ana comenzó a beber a temprana edad, se involucró en drogas y promiscuidad sexual.

Entonces una amiga le presentó a Jesús. Fue como un sueño hecho realidad. El amor del Señor le dio una nueva identidad, una nueva vida, un nuevo propósito. Regresó a la escuela y se convirtió en consejera de una prisión estatal.

Pero mientras Ana escuchaba los mensajes que yo daba, aquel fin de semana en que nos conocimos, me pidió que orara por ella, no para que sanara de su enfermedad, sino por una relación más íntima con Jesús.

—Tengo una sensación persistente de que no todos mis pecados son realmente perdonados —me dijo—. Me llega como una nube y me digo: ¿Quién crees que eres? ¡Algún día vas a estar delante de Dios y descubrirás que algunos de tus pecados fueron muy horribles para que te los perdonara!

Casi al instante me di cuenta de lo que andaba mal. Ana cargaba el nombre Culpable cada día. Amaba a Jesús y no dudaba de la validez de su sangre limpiadora, pero estaba abrumada por su propia vergüenza e indignidad. Nunca se perdonó a sí misma por su pasado, y pensaba que Jesús la veía de la misma manera.

—Ana —le dije—, Jesús ya te perdonó por todo tu pecado. Pero cada vez que trata de mantenerte cerca, tú te alejas porque te sientes indigna.

Ana inclinó la cabeza, así que continué:

—Debes perdonarte a ti misma —luego le hice una pregunta que llamó su atención por completo—: Ana, tú no eres más santa que Jesús, ¿verdad?

Rápidamente clavó sus ojos en los míos.

—¡No, por supuesto que no! —me respondió.

—Entonces si Él, en toda su santidad, te perdonó, ¿no puedes tú perdonarte a ti misma?

Oramos, y Ana le pidió a Jesús que le ayudara a poder perdonarse a sí misma. Ese fue el primer paso para recibir su nuevo nombre, *Perdonada.*

Continué orando por Ana cuando regresé a casa después de la conferencia, no solo para que aceptara su nuevo nombre, sino también para que sanara de su enfermedad. Ella sabía que Jesús podía sanarla, pero para mi sorpresa y deleite, pareció más interesada en hacerlo a Él su Amado, que en los difíciles tratamientos y el insomnio que enfrentaba mientras el cáncer progresaba. Ana se enamoró más y más de Jesús en su andar diario; y sus cartas, a menudo escritas durante dolorosas noches de desvelo, eran conmovedoras, grandiosas declaraciones del amor que disfrutaba con su Señor. Irradiaba gozo y satisfacción; y usó sus habilidades artísticas para pintarme unas rosas en miniatura con verde en el centro, y escritas —en forma notablemente destacada— las palabras: *Soy Perdonada.*

Hoy Ana está en el cielo con su Amado, aunque me dolió la pérdida de esta amiga, me afirmé al recordar que ni siquiera la muerte podía «separar a [Ana] del amor de Dios, el cual está en Cristo Jesús nuestro Señor» (Romanos 8.39).

«Vuestros pecados os han sido perdonados por su nombre», dice 1 Juan 2.12. Su nombre no es solamente *Amada*; es *Perdonada.*

Su nombre es... Apreciada

Jesús desea darle otro nombre que reemplace los nombres equivocados que usted misma ha adquirido: *Apreciada.*

¿Cuál es la diferencia entre *Amada* y *Apreciada*?

Amar, según el diccionario, es: «Sentir un fuerte afecto o apego a otra persona, basado en observar o compartir experiencias o intereses». Apreciar significa «mirar con cariño, tratar con afecto o ternura... mantener afectuosamente en el pensamiento». Apreciar no solo implica *sentir* amor, sino actuar para servir a quien se ama y *sentir* como la persona amada le produce gozo a su Amado.

«¡Qué hermosa eres, y cuán suave, oh amor deleitoso!» se regocijó el novio en la hermosa alegoría, acerca de Salomón, de Cristo y la Iglesia (Cantar de los Cantares 7.6). ¡Eso es lo que Jesús siente por usted!

El aprecio de Dios se revela en la manera en que Él la trata con afecto, supliendo «todo lo que os falta conforme a sus riquezas en gloria en Cristo Jesús» (Filipenses 4.19). El Amado que aprecia a su amada nunca la olvida. En Isaías 49.15 escuchamos a nuestro Amado decir: «Yo nunca me olvidaré de ti». Y la Biblia cuenta cómo el amor de Dios por usted, y el de usted por Él, le da gozo a Él. Sofonías 3.17 dice que su Amado «se gozará sobre ti con alegría, callará de amor, se regocijará sobre ti con cánticos». El alcance del sentimiento muestra que ¡Él disfruta su compañía!

El aprecio de Dios también se revela en la manera en que Él actúa con usted.

Diferente al amor humano, como alguien que en cierto momento puede profesar un amor eterno y que enseguida golpea con una palabra dolorosa, su Amado nunca la tratará de una manera que esté fuera de su naturaleza amorosa. En Jeremías 31.3 le oímos decir: «Con amor eterno te he amado; por tanto, te prolongué mi misericordia». Ya sea que deba enseñarle una nueva lección en obediencia, o reprobarle como un Padre, Él siempre lo hace en el contexto del aprecio.

Dios se deleita escuchándola, sea que lo haga llorando o riendo (véanse Salmos 4.3; 34.17; 126 [todo el Salmo]; Proverbios 15.29; 1 Juan 5.14; Juan 11.33, 35; Job 8.21). Él se goza hablando con usted (véanse Deuteronomio 5.24; Jeremías 12.1) y saborea cada palabra que le expresa. Él está ansioso por mostrarle el gozo que siente por usted (véase de nuevo Sofonías 3.17), le encanta consolarla en el sufrimiento y levantarla cuando está decaída (véanse Salmos 3.3; 147.6; Juan 14.18).

Dios nunca la ve indigna, incapaz o fea. Él aborrece los nombres incorrectos que usted misma se pone, deseando desconectarla de ellos y acercarla a Él mientras los hace añicos.

Usted es *Apreciada* por el Dios de toda la creación, el Hacedor del Universo, el Salvador del mundo.

Todo lo que tiene que hacer es pedir

¿Qué nombre, manifiesto o impalpable, le está impidiendo aceptar lo que es para Jesús, su Amado? Él anhela liberarla de los nombres incorrectos que usted recogió a lo largo del camino.

Una manera de hacer eso es reflexionar en las experiencias que la perjudicaron. Si parecen vagas, pídale al Espíritu Santo que le recuerde las que necesita tratar para que pueda sanar. Mientras Él se las trae a la mente, escriba el nombre o los nombres que surgen de la experiencia.

Ahora vea su lista. Esos nombres son una mentira. Jesús quiere liberarla de ellos y de sus efectos en su vida. Él quiere darle nombres nuevos.

¿Cómo puede recibirlos? Clame a Dios.

Eso fue lo que hizo Jabes, un descendiente de Judá mencionado en 1 Crónicas 4. Su madre lo llamó «dolor», Jabes, porque sufrió mucho al darlo a luz. Pero el versículo 10 dice que Jabes clamó a Dios, pidiéndole que rompiera la maldición de su nombre, que lo bendijera, que estuviera con él, que lo alejara de lo malo y que le permitiera ver que no iba a estar en dolor. Jabes reconoció que este doloroso nombre afectaría su relación con Dios y con todo el mundo. No deseando vivir más con ese maldito nombre, le pidió a Dios que lo liberara. «Y le otorgó Dios lo que pidió» (versículo 10).

Dios puede y hará lo mismo por usted. Puede vivir y morir con el nombre erróneo, pero Jesús pagó un precio enorme para darle un nombre nuevo. Por su Espíritu, usted puede ser libre de su nombre antiguo y recibir uno nuevo.

Pídale a Dios que siembre en su espíritu la realidad de su nombre o nombres nuevos. Luego tome la lista de los incorrectos y destrúyala, rómpala en pedazos. Ahora, vea el rostro de Jesús, su Amado, y escúchele decir: «Tú eres *Amada, Perdonada* y *Apreciada*».

Acostumbrarse a sus nombres nuevos requiere tiempo. Satanás, su enemigo, no quiere que los acepte porque sabe que la librarán de sus engaños. Así que le echará en cara los nombres antiguos una y otra vez, avergonzándola y acusándola con sus errores pasados. Niéguese a seguirle el juego. Dígale con firmeza, pese a lo desagradable que la hagan sentir sus tácticas: «Ese nombre viejo ya no me sirve. Jesús me dio uno nuevo, así que déjame en paz, ¡en el nombre de Jesús!»

En Santiago 4.7 se nos dice: «Resistid al diablo, y huirá de vosotros». Este mismo versículo, en *The Message* [El mensaje], se lee así: «Grítale un *no* fuerte al diablo y observa su huida». Tiene que practicar su nombre nuevo y usarlo para resistir a Satanás, aunque Jesús es el Amado fiel que le promete estar a su lado en todo el camino.

¿Aún le parece inalcanzable esta nueva relación, y conexión de amor, con Jesús? ¿Aún ve con dificultad el hecho de conocer a Jesús a través del Espíritu Santo? Sepa esto. Su Amado espera transformarla completamente, así como cambió su nombre.

Oración

Estoy agradecida de que me llamen cristiana por tu nombre, Señor Jesús. Gracias porque tu nombre es mío ahora y por pertenecer a la familia de Dios. Pero también, gracias, por darme uno y hasta varios nuevos que me liberan del dolor y la vergüenza del pasado. Gracias porque soy *Amada, Perdonada y Apreciada,* porque ellos representan, en verdad, lo que soy en tu amor, y porque tu carta de amor para mí, la Biblia, me dice eso. Ayúdame a resistir los intentos de Satanás por atraparme en el pasado.

En tu precioso nombre, que es sobre todo nombre. Amén.

5

Él es la fuente de autoestima

Poco después de que acepté a Jesús como si Salvador, conocí a una muchacha en la escuela que también era creyente. Nos hicimos amigas y asistíamos juntas a muchas de las mismas actividades de jóvenes. Pero lo mejor de nuestra amistad era el privilegio de visitar su casa. Jesús era el centro de toda la familia; siempre sentía su presencia cuando estaba con ellos.

Me sentía particularmente atraída a la hermosa y «veinteañera» hermana de mi amiga, Ruth. Ahora, cuando recuerdo, me percato de que Ruth no era precisamente hermosa según los patrones de este mundo, pero irradiaba una confianza y un gozo hermosos. Siempre estaba con su hermana y conmigo, oyéndonos y aconsejándonos. Nunca olvidaba incluir a Jesús en nuestras conversaciones, y cuando la escuchaba hablar de Él, podría decir que lo conocía desde siempre.

Un domingo mientras la visitaba, Ruth se preparaba para ir con un grupo de jóvenes adultos a un hospital de inválidos. Estaba cantando un cántico evangélico, mientras agarraba su Biblia y su cartera, cuando se volteó para darle un gran abrazo a su madre. Riéndose, nos dio un gran beso a su hermana y a mí. Todas nos quedamos paradas por un momento después de que salió; luego su madre dijo algo que nunca olvidaré.

«Esa Ruth», sonrió. «¡Está tan enamorada de Jesús!»

Nunca antes oí a nadie usar esa expresión: *tan enamorada de Jesús*. Las palabras continuaron en mi mente. ¿Era estar enamorada de Jesús lo que hacía a Ruth tan especial, tan segura de sí misma?

Buscamos la autoestima en los lugares incorrectos

Segura de sí misma. Confiada. Respetable. Esa era Ruth. Esas cualidades que manifestaba con tanta facilidad son los componentes de la comodidad deseada por cada ser humano, una comodidad que tiene un poder especial en el punto doloroso de la mujer. Se llama autoestima.

En años recientes, los sicólogos, sociólogos, educadores y teólogos han escrito bastante sobre la autoestima y su papel en el desarrollo de la integridad y el bienestar humano. La búsqueda de autoestima conduce a hombres y mujeres en pos de significado, valor propio y un lugar en donde «brillar». Las fuentes en las que las mujeres buscamos estos bienes son muchas veces nuestros compañeros, nuestros hijos, nuestro comportamiento dentro y fuera del hogar. La perfección —como esposas, madres, amas de casa, profesionales—, puede llegar a ser una meta cuando buscamos reconocimiento.

Pero la mayoría de nosotras descubrimos, tarde o temprano, que la búsqueda de autoestima por nuestra fuerza nos lleva a todos los lugares incorrectos. La carrera finaliza en desorden con sueños frustrados y esperanzas rotas. Estas vagan en nuestra memoria y fluyen en nuestros puntos dolorosos. Los viejos patrones y los hábitos nos engañan; persisten los ciclos generacionales de conductas negativas. Aprendemos afanosamente a escalar los niveles de la sociedad —y los nuestros— con la esperanza de lograr la atención para elevar nuestra respetabilidad. Pero tropezamos y caemos una y otra vez. Cada vez nuestra delicada autoestima inicia otro vuelo, terminamos atrofiadas en la inutilidad e incluso la autodestrucción.

A través de toda nuestra búsqueda, Jesús, nuestro Amado, nos corteja de las vacías fuentes de autoestima del mundo a una fresca o renovada confianza en Él como nuestro «todo en todo». De nuevo su Espíritu debe guiarnos a la verdad de lo que somos en Él. Jesús conoce los caminos que transitamos en busca de la manera de llenar la carencia de autoestima en nuestros puntos dolorosos. Sabe lo que sustituimos por la fuente. Y anhela mostrarnos su estilo, para animarnos a no conformarnos con menos de lo que quiere hacer en nuestra relación con Él.

Jesús sabe que si dependemos de nosotras mismas, de otros o de los costosos sustitutos del mundo para suplir y volver a llenar nuestra autoestima, vamos a frenar la intimidad y el gozo que la conexión de amor nos puede ofrecer al tocar y sanar el punto doloroso en nuestros espíritus. Necesitamos sembrar con firmeza nuestra frágil identidad en el hecho de que Él está preparado para ser nuestra completa fuente de autoestima.

Imagínese a una princesa de porte sereno, satisfecha de lo que es, de su herencia, de su posición con la gente que la rodea. ¿Por qué se siente tranquila? Porque está creada a la imagen de su padre, el rey, y porque sabe que todos sus recursos y relaciones están a la disposición de ella. Su posición es segura porque la relación con su padre es incuestionable.

Si entablamos la conexión de amor con Jesús, nuestra relación con el Rey de reyes es también incuestionable. Y podemos estar igualmente tranquilas, seguras y satisfechas con lo que somos, porque Jesús nos dice que «en Él [nosotras] estamos completas» (Colosenses 2.10).

He oído esa verdad expuesta muchas veces por mujeres solteras, pero todas necesitan incorporarla a su espíritu. Solo en Jesús nos volvemos completas, satisfechas y plenas. Nuestra relación con Él nunca se hizo para que se cumpliera en forma parcial en nuestra identidad, ciertamente nunca fue diseñada como una política complementaria para unir las grietas en las relaciones con nuestros esposos, hijos o compañeros de trabajo.

Jesús quiere ser —y debe ser— el completo y total factor y la fuente de nuestra autoestima. Podemos empezar a adueñarnos de esta verdad en nuestras vidas examinando quién o qué es lo que agarramos como la fuente de nuestro valor. La historia de Lea, en Génesis 29, nos ayudará a ver las cuatro rutas principales a las que nos dirige el mundo en busca de autoestima.

1. *La ruta de la apariencia*

Los conflictos espirituales a menudo están atados con el rechazo, y Lea fue una mujer cuya vida estuvo llena de rechazo y pérdida. En su viaje hacia la autoestima, finalmente tomó una decisión, descubriendo no solo que estaba en el mal camino, sino el significado de lo que estaba por enfrentar.

Recordará la historia de Jacob y Esaú, los gemelos que compitieron por una herencia que mencionamos en el capítulo anterior. (Véase en Génesis 25 la historia completa.) Este es el mismo Jacob a quien su nombre se le cambió para reflejar su nueva relación con Dios. En las diferentes economías del tiempo veterotestamentario, el hijo mayor casi siempre recibía la bendición de la primogenitura y otras ventajas materiales. Pero como Esaú era mayor que su gemelo por solo unos minutos, Jacob se sentía engañado.

Dios ya le había dicho a la madre de los gemelos, Rebeca, que un día Esaú le serviría a Jacob (véase Génesis 25.23). Sin embargo, a menudo es difícil esperar que Dios actúe, así que Jacob y Rebeca engañaron al padre, Isaac, para que le diera la bendición en su lecho de muerte a Jacob.

Naturalmente que Esaú se enfureció cuando descubrió el engaño, pero la costumbre no le permitía a su padre anular el daño. Rebeca, percatándose de que la vida de Jacob corría peligro, actuó rápidamente, convenciendo a su esposo de que Jacob debía irse de la casa y buscar una esposa entre las mujeres idóneas por parte de su familia. Isaac, aceptó, y Jacob huyó a Harán, a la casa de Labán, el hermano de Rebeca.

En una preciosa historia de amor a primera vista, Jacob se encontró con Raquel, la hija menor de Labán, cuando se estaba acercando al hogar de la familia. Ella fue a darle agua al rebaño de su padre, y cuando Jacob comprendió quién era, lo sobrecogió la emoción. Él la ayudó en su tarea y terminó besándola, un placer normalmente reservado, en su cultura, hasta después de la boda. La única explicación es que Jacob estaba impresionado, extasiado, dichoso.

Raquel lo llevó a conocer a la familia ese mismo día. La Biblia dice que Jacob la amó y aceptó trabajar para su tío Labán por siete años, para ganarse su mano en matrimonio.

Al margen, entra en escena Lea. La hija mayor de Labán se presenta en Génesis 29.17 así: «Los ojos de Lea eran delicados, pero Raquel era de lindo semblante y hermoso parecer».

¿Le gustaría una descripción como esa en las memorias de su familia? Sus ojos son delicados, ¡pero su hermana pequeña es linda! Probablemente Lea tenía que medio abrir los ojos para ver, y para añadirle insulto a esa aflicción, tenía una hermanita que atraía las miradas cuando entraba a algún lugar.

¿Le ha afectado alguna situación similar? Nuestra cultura siempre le da más valor a la apariencia externa de la mujer que a su carácter. Las revistas, la televisión, los libros, los anuncios y las conversaciones, todo grita: «¡La imagen cuenta!» Los medios inculcan una perspectiva poco sutil de que nuestro éxito, realización, felicidad y, definitivamente, la autoestima derivan mucho de nuestra imagen.

Cada día los adolescentes en Estados Unidos sufren más desórdenes alimenticios de lo que la mayoría de la gente imagina. Muchas provienen de hogares cristianos. Tratan de vivir según las normas que les impone la sociedad, y a veces hasta sus familias.

Confróntelo: A todas se nos dice que nuestros cuerpos deben acoplarse a cierto patrón y forma. Si no es así, no somos aceptables. Se nos anima a hacer cualquier cosa para evitar las arrugas y las señales de la edad, dado que el rostro gastado de una mujer encorvada por los años y el trabajo duro es repulsivo para muchas de nosotras. La mayoría de las mujeres en el mundo occidental, incluidas las cristianas, ya no encuentran placer en las etapas sucesivas de la vida debido a lo que el tiempo le hace al exterior de nuestros cascarones.

Las cosas no han cambiado mucho desde el tiempo de Lea.

Eso nos regresa a nuestra historia. Ante la hermosa Raquel, todo se le volteó a Jacob; así que trabajó siete años para ganársela como esposa. Y por otro lado Lea, avejentando y más fea con el paso de cada día, debió imaginarse si una vida de soledad se divisaba en su horizonte.

Finalmente llegó el momento de la boda. La Biblia nos dice que Jacob fue a su tío y le dijo: «Dame mi mujer, porque mi tiempo se ha cumplido, para unirme a ella» (29.21). El siguiente movimiento de Labán fue inesperado: «Juntó a todos los varones de aquel lugar, e hizo banquete» (29.22).

Las bodas, entonces como ahora, eran celebraciones de júbilo, y la costumbre hebrea dictaba que podían durar muchos días, acompañadas de banquetes, risas, mucho vino y alegría. Como al novio no se le permitía ver la cara de su esposa hasta que el matrimonio se efectuara, esta usaba un velo durante toda la celebración.

Al fin Jacob y su esposa estuvieron juntos en su tienda. Podemos imaginarnos la ansiedad de Jacob: Esperó y trabajó siete años por el placer de estar con Raquel.

Solo que había un problema. Génesis 29.23 dice que después de toda la celebración, «en la noche ... [Laban] tomó a su hija *Lea*, y se la trajo [a Jacob]; y él [Jacob] se llegó a ella» (énfasis añadido). Ya sea que permaneciera con el velo toda la noche, que la tienda estuviera excesivamente oscura, o que Jacob estuviera borracho, no estamos seguras. Tal vez fue una combinación de las tres cosas. Pero Jacob, aparentemente, no descubrió sino hasta en la mañana que se había casado con la muchacha equivocada.

La Biblia nos dice lo que él le dijo a Labán. En efecto, debió arder en fuego: «¿Qué es esto que me has hecho? ¿No te he servido por Raquel? ¿Por qué, pues, me has engañado?» (29.25). Solapado, Jacob el suplantador, experimentó directamente lo que era ser engañado.

Pero Laban no se disculpó. Le explicó a Jacob, quizás en un tono razonable, que la hija mayor tenía que casarse antes que la menor, y le pidió a Jacob: «Cumple la semana de ésta, y se te dará también la otra, por el servicio que hagas conmigo otros siete años» (29.27).

¿Qué opción tuvo Jacob? Hizo lo que le dijo, y al finalizar la semana tendría dos esposas, ¡y otros siete años de trabajo por delante!

Es una tentación sentir lástima por la pareja de enamorados, Jacob y Raquel. Aun así, finalmente llegaron a estar juntos, que era lo que querían, aunque enfrentarían muchos años de angustia en su futuro.

Mi corazón se inclina hacia Lea, que debió sentirse increíblemente utilizada, indeseable, forzada con un hombre que amaba a otra mujer, sintiéndose ya sin ningún atractivo. Ella sabía muy bien que su padre recurrió al engaño para darla por prenda y obtener trabajo gratis de su «venta» durante el proceso. Lea conocía las costumbres de su tribu, ella pudo saber por algún tiempo que Labán intentaba engañar a Jacob. Pero aunque hubiera puesto alguna objeción al complot, no habría tenido importancia: estaba obligada a obedecer a su padre.

Por lo que sabemos, Lea pasó la noche entera de la boda oyendo a Jacob murmurar palabras dulces que eran para Raquel. ¿Se imagina esas horas para Lea? ¿Puede imaginarse el temor de hablar, por temor a que le reconociera la voz? ¿Se imagina sabiendo que cada caricia de Jacob era para Raquel, y aun sentirse obligada a responder? Hay muchas clases de humillaciones, ¡pero esta tiene que ser la más alta en la lista de las «diez peores»! Las semillas de la falta de autoestima de Lea se multiplicaron y echaron raíces profundas.

Pocas mujeres han enfrentado la peculiar agonía de Lea, pero la mayoría de nosotras sabe lo que significa ser rechazada por una u otra razón a causa de nuestra apariencia. Las que hemos hecho la conexión de amor con Jesús necesitamos dejar de usar los modelos del mundo para medir el éxito en este asunto de la apariencia. Debemos adoptar el punto de vista bíblico.

¿Y cuál es? La Biblia nos dice que Dios quiere que cuidemos nuestros cuerpos, ya que son morada de su precioso Espíritu Santo (véanse 1 Corintios 3.16,17; 6.19). Debemos también dirigirnos a la manera de comer sanamente, la Biblia nos ofrece muchas instrucciones sobre la nutrición. (¡Ese es un tópico para otro libro!) Como adoptar dignidad en la forma en que nos presentamos a nosotras mismas, por supuesto, eso es bíblico también.

Somos las representantes del Señor, a quien pertenecemos, y debemos lucir bien.

Pero la perspectiva del mundo exagera estos sanos principios convirtiéndolos en objeciones, las cuales deben resistirse. No podemos permitirnos trazar nuestra autoestima solo por las apariencias, somos más que rostros y siluetas. Como creyentes, y sobre todo como cristianas que tienen una íntima conexión de amor con Jesús a través del Espíritu Santo, llevamos la luz de Jesús dentro de nosotras. Nuestra belleza real proviene de permitir que su luz brille en nosotras como estrellas en un cielo oscuro.

Nada es más hermoso que una mujer enamorada de Jesús y que extrae de Él diariamente su elemento vital. Ya que «No hemos recibido el espíritu del mundo, sino el Espíritu que proviene de Dios» (2 Corintios 2.12), debemos estar seguras de que el Espíritu Santo —no el del mundo—, moldea nuestra identidad y autoestima.

Lea no conocía a Jesús, no estaba conectada con Dios a través del Espíritu Santo, como nosotras. Pero era creyente en el único y verdadero Dios del Antiguo Testamento. Cuando pasó a la siguiente fase de su vida, ajustándose al putrefacto lecho conyugal de ira y rechazo que su padre le preparó, no sabía que las rutas incorrectas que debía probar en búsqueda de su autoestima la llevarían al fin a un encuentro con su verdadero Amor.

2. La ruta en la relación hombre-mujer

Y así comenzó la vida matrimonial de Lea [de Jacob y de Raquel]. Como dice el viejo refrán: «Dos son compañía, tres multitud». A pesar de las normas sociales como hija y hermana mayor de una familia respetable, Lea era en definitiva la tercera parte en una multitudinaria familia de recién casados.

Si alguna mujer tuvo razón al dudar de la ruta en la relación hombre-mujer como vía a la autoestima, era Lea. Fue usada por su padre para obtener siete años adicionales de trabajo de Jacob. Ahora también era usada por Jacob. La Biblia afirma: Jacob «amó a Raquel más que a Lea», pero eso evidentemente no lo mantuvo fuera de la tienda de Lea. Esta le dio hijos, la corona del hombre en la condición social de aquella cultura. Y en ese arreglo del Medio Oriente, Lea no se pasó los días bebiendo vino ni comiendo nueces. Sin duda, hizo un aporte importante a la administración, las tareas y al sustento de la familia.

Discutiremos el papel de los hijos en la búsqueda de autoestima de Lea en la siguiente sección. Sin embargo, ahora, imaginemos cuán a menudo analizaba las caricias de Jacob, sus miradas, sus actitudes hacia ella; todo ese tiempo buscando confirmación, significado, un sentimiento de que él la valoraba. Cada vez que cargaba a su hijo, o cumplía con una tarea que él le imponía, o le preparaba una exquisita comida, quizá pensara: *Tal vez ahora Jacob me amará en la manera en que ama a Raquel.* Pero no hay indicación bíblica alguna de que Jacob hubiese amado a Lea como amó a Raquel.

Aparentemente, la honró como esposa y madre de sus hijos, y cuando murió la enterró en la tumba de la familia de Abraham, Sara, Isaac y Rebeca (véase Génesis 49.31). Pero, en términos humanos, cualquier mujer que haya amado a un hombre o deseado su amor sabe que la amistad y la honra —necesario y valioso para el éxito de un matrimonio—, no sustituyen el exclusivo amor romántico del compañero.

El esposo, en un buen matrimonio, puede ser un maravilloso instrumento de Dios para ayudar a nutrir la autoestima de su esposa. Según Efesios 5.21-33 y 1 Pedro 3.7, Dios le dio a cada esposo un papel relevante en la relación matrimonial: Él es quien lleva a su esposa a una percepción profunda de la bondad y la misericordia de Dios, mostrándole el corazón amoroso y servicial de Jesús, en íntimo conocimiento y aprecio.

Estimo el hecho de que Dave nunca ha necesitado competir con el Amado de mi alma. Él apoya mi relación amorosa con

Jesús, y reconoce mi necesidad (y la suya) de la sumisión al único Amado que puede ser Él todo en todo para ambos. Dave y yo aprendimos este modelo de relaciones, el uno al otro y con nuestro Señor, a través de luchas y errores, angustias y renovaciones, y Jesús ha sido fiel.

¿Puede Dave tocar mi punto doloroso? No, como tampoco yo el suyo. Pero a menudo mi gran Amado lo usa para animarme a volver a una relación especial de sanidad y nueva plenitud.

Un esposo jamás podrá ser la fuente de autoestima total, aunque la ame profundamente.

Él es humano, como usted, y aun cuando sus halagos y atenciones parezcan bálsamos pasajeros a su espíritu herido, no tiene la capacidad de tocar el punto doloroso en su espíritu en una manera que ofrezca alivio duradero o profundo gozo.

Dios sabía que Jacob no podía ser la fuente de Lea. También sabía que solo cuando ella creciera en intimidad con su Amado celestial, podría relacionarse con sus allegados sin dañarlos, sofocarlos o exigirles que suplieran su misma necesidad.

Es igual con nosotras. Solo cuando experimentemos la total aceptación de Jesús seremos seres libres para aceptar a nuestros esposos, hijos y a nuestros parientes, y trabajar por el crecimiento de ellos como también por el nuestro.

3. La ruta de la maternidad

En el momento en que Dios diseñó el cuerpo humano y lo llamó bueno, al igual que diseñó el matrimonio y lo llamó bueno, así delineó la institución de la familia y animó a Adán y a Eva a acometerla (véase Génesis 1 y 2). Pero nunca dio a entender que alguno de esos maravillosos regalos se convertirían en nuestra base de autoestima o en un ídolo que adoraran nuestros espíritus.

¡Aunque las mujeres dejamos con facilidad que la maternidad se convierta en un depósito malsano de amor y atención que anhelamos en nuestros puntos dolorosos! Lea no fue la excepción.

Poco después de la boda, Jacob, Lea y Raquel se enfrentaron cara a cara con una situación desagradable. Lea podía tener hijos; Raquel no.

La esterilidad produce grandes dolores a las mujeres en todas las culturas, pero en el Medio Oriente significa una gran pérdida de significado, una desgracia, aun una maldición. En esa región del mundo, la autoestima de la mujer está estrechamente ligada a la habilidad de concebir y dar a luz hijos, e incluso hoy las mujeres judías se reúnen en la tumba de Raquel, en las afueras de Belén, a orar para librarse de la esterilidad.

Ahora Lea tenía una herramienta para usarla contra el abuso emocional y el rechazo causado por su padre y (aunque inadvertido) por Jacob. Tenía otra ruta en la búsqueda de su autoestima: No le era problema parir un hijo tras otro.

¡Oye, mírame! Quizás pensara al observar el conflicto de Raquel. *¡Yo le puedo dar Jacob a algo que tú no puedes!*

¡Qué más! Los primeros hijos de Lea fueron varones, lo cual en esa cultura era infinitamente preferible a las niñas, eso aumentó su bienestar temporal. Los nombres que Lea les dio a sus niños indicaban los roles que esperaba que jugaran en su viaje a la autoestima. Al primero lo llamó Rubén, que significa «Porque el Señor ha visto mi aflicción». El segundo nombre, Simeón, le señalaba que el Señor oyó que fue menospreciada y la bendijo con un hijo. El tercer nombre, Leví, fue una patética llama de esperanza: «Ahora esta vez se unirá mi marido conmigo, porque le he dado a luz tres hijos» (Génesis 29.34).

Pero la relación de Lea con Jacob no cambió. Él siguió amando más a Raquel. Lea pudo haber ganado su amor y admiración, ya que hacía por él lo que Raquel no podía. Entonces ¿por qué falló esta ruta?

Hace muchos años, durante un retiro de oración, conocí a una joven de unos veinte años que me preguntó si podía hablar conmigo respecto a una petición de oración importante. Nos encontramos en la cafetería del centro de retiros y nos tomamos una taza de café.

«¿Qué hay en tu corazón?», le pregunté luego de mantener una conversación breve.

Ella estaba nerviosa, aun cuando podría decir que amaba a Jesús, vi una profunda tristeza en sus ojos y percibí una preocupante soledad en su voz. Me contó que tenía una hija pequeña, pero que anhelaba otro hijo con vehemencia, y aunque no podía quedar encinta. ¿Oraría por ella?

Recibo muchas peticiones como esa, y por lo general me encanta orar conjuntamente con tales mujeres. He tenido en mis brazos las respuestas a muchas de esas oraciones, hermosos bebés de madres que pensaron que nunca lo serían, preciosas criaturas nacidas a través de milagrosas concepciones o adopciones.

Concerniente a esta joven, sentí algo en mi espíritu, y empecé a plantearle preguntas acerca de su esposo y su posición en cuanto a tener más hijos. Al principio evadió hablar respecto a él. Pero luego que la animé, se soltó contándome su pasado abusivo. Ahora, era un cristiano profesante, y no abusaba físicamente de ella ni de la niña, pero el abuso emocional que sufrió estaba cobrando auge. Él parecía incapaz de dar o recibir amor conyugal, era posesivo y le impedía el contacto con su familia o con amistades femeninas cercanas. A menudo la maltrataba verbalmente en presencia de la niña. Quería la atención completa de su esposa, aunque le criticaba su apariencia, sus maneras, cómo lidiaba con la casa y la forma en que estaba criando a la niña.

«¿Está él dispuesto a recibir ayuda?», le pregunté. Necesitaba saberlo.

Ella movió la cabeza con la mirada fija en el piso.

Era una situación que pedía a gritos una consejería prolongada, oración y cambio. Esta querida joven estaba dispuesta, pero evitaba hablar de la situación con su pastor, porque temía que redujera el respeto por su esposo. Le dije que el pastor debía saberlo, y aceptó comunicárselo para empezar. Me dolió su caso. ¿Cómo sería antes de erosionar su autoestima?

Al despedirnos ese día, tomé sus manos entre las mías y vi sus ojos llorosos.

—¿Por qué quieres otro bebé si tu situación es tan delicada e incierta? —le pregunté gentilmente.

—Porque mi hija me ama —sollozó entre la servilleta—, y deseo a alguien que me ame.

Lea, al igual que esta joven mujer, decidió inadvertidamente dar a luz hijos —y así realizarse y sentirse amada—, la fuente principal de autoestima y felicidad para ella. Esperaba que con eso se le aliviaría el dolor y la falta de apoyo emocional. Quería llenar un vacío emocional y sicológico que profundizaba más cada día.

¡Si Lea y mi joven amiga hubieran sabido que solo Dios puede llenar tal vacío!

Quizá usted no esté en una situación tan desesperada como la de ellas. Pero es muy tentador hacer de sus hijos la fuente principal de autoestima. La forma en que se ven, se visten, lo que logran social, académica, artística y aun espiritualmente puede convertirse de manera indirecta en fuente de vanidad y en un ramo de flores usadas. Después de todo, ¡usted edificó ese éxito!

Una vez más falla al emplear mal un buen regalo de Dios para auxiliar al debilitado punto doloroso en su espíritu.

Todavía, sin embargo, hay otra autopista común, en la que transitan las mujeres en busca de autoestima.

4. La ruta del logro

El viaje de Lea con relación a su importancia siguió un camino realmente confuso en aquel mapa con las tres rutas incorrectas ya exploradas: la de la apariencia, la de la relación hombre—mujer y la de la maternidad. Todas ellas se cruzan una y otra vez en la vida de Lea, como sucede hoy con frecuencia.

Similarmente, la ruta del logro emerge en el mapa de Lea. Para ella, tener hijos fue un logro. Aumentó e intensificó la labor de su papel como esposa y ama de casa, —no siempre valorados ni honrados— legítimos en ese período de la historia.

Satanás usa esa ruta con gran éxito en las más recientes generaciones para engañar a las mujeres haciéndolas pensar que son ricas en autoestima. La necesidad de alcanzar logros —ya sea académica, artística, religiosa o comercialmente—, conduce a muchas mujeres a frenéticas carreras sin fin, destruyendo así su salud y sus relaciones, además de que opacan su desesperada necesidad de intimidad con su gran Amor, Jesús.

Mi amiga Fran fue clara y enfática cuando me expresó su deseo de ser aceptada por una gran organización misionera para servir en otro país. Planificó todas sus metas, y sentí que ella no debía parar hasta que las alcanzara por completo.

Más tarde me enteré de que la aceptaron en la directiva de la misión y que estaba en el extranjero estudiando otro idioma. Poco después inició su primera tarea; nos escribimos durante sus primeros cuatro años fuera de los Estados Unidos.

Cuando Fran regresó a casa por unos días, me llamó para que almorzáramos juntas. Estaba encantada de volver a verla.

—¿Cómo van las cosas? —le pregunté.

Me mostró un itinerario que debía cumplir durante su estadía en casa. Era agobiante.

—¿Cómo vas a hacer todo eso? —inquirí incrédula.

—Sé que es ambicioso —reconoció sonriendo—, pero solo espero no tener que cancelar nada de la agenda.

Hablamos de su futuro trabajo mientras comíamos. Por último, decidí llevar nuestra conversación a un área que sentí que necesitábamos discutir.

—Fran —comencé titubeando—, Jesús no quiere que te mates mientras estás un tiempo en casa. ¿No se supone que el regreso sea también un tiempo de renovación y descanso para ti?

Pasamos la tarde conversando y orando por una intimidad con Jesús (¡aunque estoy segura de que nuestro almuerzo tenía asignada una hora en la agenda de Fran para ese día!), y lo que Él desea para aquellas que le amamos y servimos. Fran, lo supe, tenía un camino a seguir y era definitivamente «orientado a las obras».

Esperando comprender la raíz de este camino, le pregunté de su infancia y sus relaciones familiares.

—¿Te empujaron tus padres a realizarte?

Fran, lo pensó por un minuto:

—No, no lo hicieron. Mi padre era un hombre trabajador que se preocupó por su familia, aunque no se comunicaba mucho con nosotros los hijos. Mamá era delicada, pero ahora que recuerdo, ninguno de los dos pasó mucho tiempo edificándonos. Tampoco nos menospreciaron, solo nos cuidaron.

—¿Y qué acerca de la escuela? ¿Te fue bien?

Esa pregunta tocó su fibra, Fran comenzó a desocupar su corazón.

—Nunca fui bonita en la escuela secundaria —me confió—, pero me percaté de que era inteligente y que sacaba buenas notas.

No coincidí con lo de su apariencia; ¡la veía linda! Pero proseguí.

—¿Recibiste reconocimiento en casa por tus buenas notas?

—No —sonrió—, aunque comencé a sentirme segura de mí misma.

Fran me contó que llegó a ver sus buenas notas y su habilidad académica como una puerta al éxito, para elevar su autoestima, y sentirse importante. Cuando recibió a Jesús en su vida, cambió este vehículo de aprobación por su relación con Él. Era una buena académica y ahora sentía cierta presión a desempeñarse bien para Jesús, a menudo comprometiéndose más de lo que podía, temiendo siempre que fuera insuficiente.

Por la expresión del rostro de Fran ese día, podría decir que enterró esa verdad en su espíritu por muchos años. Es difícil aceptar la realidad de que no hay servicio más grande que le podamos rendir a nuestro Amado que edificar nuestra relación con Él.

«Pero», dirá usted: «¡La Biblia dice que debemos ir, contar y hacer!»

Absolutamente. Pero todo lo que hagamos debe originarse en nuestra relación íntima. Nuestro servicio es el canal de lo que oímos y aprendemos en nuestra unión con Dios.

Los versículos 8 y 9 de Efesios 2 son familiares, la médula de nuestra salvación, que viene por la gracia de Dios solamente, no por nada que hagamos: «Porque por gracia sois salvos por medio de la fe; y esto no de vosotros, pues es don de Dios; no por obras para que nadie se gloríe».

¡Cuán maravilloso es saber que somos incapaces de hacer algo para merecer nuestra salvación! Sí, Jesús tiene tareas que debemos hacer, maneras para usar el gran potencial que puso en cada una de nosotras. Pero no debemos divorciar el trabajo que tiene para nosotras de la necesidad de sentarnos a sus pies. Y nunca debemos hacer de esos logros la fuente de autoestima.

La verdadera fuente que nunca se secará

¿Transita usted por la ruta de la apariencia, las relaciones hombre—mujer, la maternidad o la del logro en busca de su autoestima? Tal vez, como Lea, ya probó todas. Y quizás, como ella, está lista a probar para encontrar la ruta que lleva directo a la verdadera fuente de autoestima.

¿Cuándo se detuvo Lea? Cuando se encontró embarazada de otro bebé, muy segura que sería varón. Pero algo cambió en su espíritu con el nacimiento de este pequeño. Génesis 29.35 dice:

> Y [Lea] concibió otra vez, y dio a luz un hijo, y dijo: «Esta vez alabaré a Jehová; por esto llamó su nombre Judá»; y dejó de dar a luz.

¡Este corto versículo nos dice mucho! Si sospecha que Lea le puso a ese niño un nombre con un significado especial, como lo hizo con los otros, ¡está en lo correcto! Judá significa «alabanza», alabanza a Dios. «Esta vez», dice en esencia, «buscaré a Dios para mi satisfacción».

Dios trató desde el principio de convencerla de que intentar ubicar la fuente de su autoestima en su belleza, en su esposo, en sus hijos o en sus logros, al fin la destruiría. Y Lea finalmente despertó. Empezó a ver que su miseria no era causada por falta de buena apariencia. No era solo el resultado de la insensatez de su padre ni del rechazo de Jacob. Tampoco sus hijos ni sus habilidades como ama de casa podían hacerle sentir el suficiente significado que calmara el ardor de su punto doloroso. Por último, Lea se dio cuenta de que tenía que ver al Dios de Abraham, Isaac y Jacob, y a nadie más, como su fuente de autoestima y de gozo. Necesitaba dirigir su lealtad hacia la Persona correcta.

Hacer de Jesús la completa fuente de nuestro valor, dignidad e importancia también nos hará libres. Si vemos a alguien o algo más para afirmar nuestro verdadero valor, siempre estaremos decepcionadas y desilusionadas.

Pero cuando la cercanía con Jesús aumenta, vibrando realmente en nuestras vidas, podemos reducir nuestras expectativas respecto a los demás, sin perjudicar nuestras emociones o valor propio. Seguras en los brazos receptivos de Jesús, podemos aún amar a aquellos que nos decepcionan. Somos libres de amarlos con sus fortalezas, debilidades, logros y fracasos, porque no dependemos de ellos para que sean la fuente de nuestra autoestima. No tenemos que resentirlos para sentirnos mejor. Esto, a su tiempo, nos librará para amarlos y apoyarlos en maneras imposibles anteriormente; así incrementamos efectivamente esas relaciones.

La aceptación de Jesús nos motiva a moldearnos como mujeres porque *nos* ama, no a nuestras habilidades, talentos o apariencias. El amor inalterable de Jesús empezará a lavar los viejos patrones de desconfianza en nosotras mismas, que nos llevaron a clamar atención en formas contraproducentes. Su amor nos librará del riesgo al salir de las rutas incorrectas que seguimos en nuestra búsqueda.

Cuando nuestros puntos dolorosos sean continuamente examinados, tocados y sanados por nuestro Amado, la redención tomará una nueva dimensión. No solo son perdonados nuestros pecados. No solo estaremos en el cielo algún día. Hay más en la redención porque ahora, en este mismo momento, somos sumergidas en una relación de amor tan vital e importante para ambas partes, que nada —ni rechazo, ni soledad, ni circunstancias pasadas o presentes, ni temor al futuro— nos puede estremecer ni hacer perder la belleza y lo real de esta relación.

Una cosa más. Como mujeres casi siempre nos asustan los cambios, porque cambiar en nuestra vida terrenal a menudo es señal de que nuestra importancia merma. Cambian nuestra apariencia, las relaciones con nuestros padres, esposos e hijos, y las habilidades para suplir las necesidades de otros pueden disminuir. Pero nuestra relación con Jesús, nuestro Amado, se profundizará y ensanchará en un limpio y corriente río de intimidad; su amor por nosotras y su labor en nuestras vidas nunca disminuirán. Cuando le permitimos al Espíritu Santo que siembre esa creencia en nuestros espíritus con firmeza, experimentamos una paz invariable en un mundo que cambia constantemente.

Podemos descuidar esta relación ahora o después, y podemos tomar decisiones voluntarias cada día para mantener vivo nuestro amor por Jesús. Pero nunca temeremos ser olvidadas, abandonadas o rechazadas por nuestro Amado. Nuestra fuente de autoestima nunca se secará.

Oración

He considerado y probado diferentes rutas a la autoestima, Señor Jesús; la apariencia, las relaciones entre hombre y mujer, la maternidad, los logros. Pero ya no tengo que hacer de ello mi fuente. Solo tú eres mi fuerza y mi fuente, así que estoy libre para amar y aceptar a otros al igual que tú, aunque me desilusionen y me usen. Mi autoestima reposa en tu amor por mí, no en la opinión de los demás.

Me regocijo en ti como mi total y completa fuente, y ahora soy libre para alabarte como lo hizo Lea. Gracias, Jesús, Amén.

6

Él descubre
la esclavitud que
nos tiene en cautiverio

¿Le han presentado a alguien de quien haya oído rumores desagradables? ¡Qué situación tan embarazosa! No saber a dónde mirar ni qué pensar. Esa persona *parece* bastante amable, pero ¿puede estar segura? ¿Se atrevería a ofrecerle su amistad y confianza?

Semanas o meses después, los rumores terminan siendo completamente falsos. Usted aprende la maravillosa verdad de su nuevo conocimiento y puede desarrollar su amistad con esa persona basada en eso, y no en una fábula atemorizante.

La buena teología es así. Esa teología que puede definirse como la sana comprensión de Dios basada en la interpretación exacta de los principios bíblicos, básica para la correcta relación con Jesús. ¿Empieza a reconocer algunos conceptos teológicos erróneos acerca del Padre, el Hijo o el Espíritu Santo que impiden su rica y gozosa conexión con su Amado?

Aun cuando nuestra teología sea sana, nuestras *percepciones* de la verdad acerca de Jesús y de nosotras mismas, y no la verdad misma, a menudo dictan las acciones de cada día y las respuestas que caracterizan nuestro caminar cristiano. Como los rumores falsos, que pueden alterar la forma en que vemos a otros; las percepciones erróneas pueden en realidad atarnos a actitudes y conductas que presionan terriblemente el tranquilo y amoroso dar y recibir que debería ser natural en nuestra relación diaria con Jesús.

Por eso es de vital importancia que le permitamos al Espíritu Santo que nos introduzca a la realidad de lo que Jesús es, y lo que hace por nosotras. A veces debemos permitirle que descubra y muestre las razones que nos impiden saber lo que nos aprisiona, la esclavitud que bloquea la relación satisfactoria con nuestro Amado.

La buena noticia es que Jesús está consciente de todas y cada una de las ataduras e impedimentos. Y Él se acerca a usted y a mí aun antes de que se lo pidamos, tomando constantemente la iniciativa, llamándonos por nombre, presto a liberarnos de lo que nos estorba.

Su compasión y amor siempre van delante de nosotros buscando las formas de tocarnos, curarnos y liberarnos. Él desea asegurarse de que usted escuche el mensaje de que su Espíritu puede usarse para ayudarlo. Jesús no espera que comprendamos todo perfectamente, casi nunca espera que le pidamos ayuda. Él pondrá a alguien en su camino y en su vida especialmente equipada para ministrar a su necesidad particular. El derramamiento de la preciosa sangre de Jesús pagó por nuestros pecados, y esa misma sangre derramada puede librarnos de cualquier esclavitud.

Existen muchos tipos de esclavitud. Satanás se aprovecha de ellos para mantenernos lejos de la conexión con Jesús en la manera en que se ideó desde la creación del mundo. En este capítulo examinaremos algunos tipos de esclavitudes más comunes, en un esfuerzo por hacerle reconocer y entender sus patrones destructivos. En el siguiente capítulo analizaremos cómo desatarse y seguir con vehemencia a su Amado.

Antes, sin embargo, veamos el hermoso ejemplo del poder de Jesús para liberar a una mujer de la esclavitud.

Sorprendida por la libertad

Según Lucas 13, una mujer sin nombre «tenía un espíritu de enfermedad» (v. 11). La Biblia dice claramente que no todas las enfermedades nos vienen de esta manera, pero en este caso, un espíritu opresor de Satanás le produjo sufrimiento durante dieciocho años. La manifestación física de la enfermedad era que el cuerpo de la mujer estaba «encorvado», dice el versículo 11, que continúa narrando que ella «no se podía enderezar en ninguna manera».

A menudo me imagino a esa mujer. Incluso me he parado, me he encorvado y he tratado de caminar. ¡Qué manera tan terrible de andar! ¡Qué forma tan dolorosa de vivir! Ya que le era casi imposible mirar hacia arriba, pasó su vida mirando el suelo. Como padezco dolores de espalda debido a degeneración vertebral, sé lo que es enfrentar el día en agonía. Pero el cuerpo de esa mujer le dolía día tras día.

El día que encontró a Jesús, no estaba buscando la sanidad de manera consciente. Es meritorio notar que estaba en la sinagoga cuando Él se le acercó (véanse los versículos 10 y 12). ¿Estaba allí por hábito, cumpliendo con algo arraigado, respondiendo a la rutina? ¿Fue a la casa del Señor porque temía lo que le haría Él si no seguía las reglas religiosas? ¿Cree usted que alguna vez, en su sueño imposible, esperó ser sanada de su desorden crónico?

Quizá, por otro lado, su relación con el Dios de Abraham, Isaac y Jacob no la dejaría darse por vencida. Tal vez su devoción a Él era tanta que no le importaba su propia condición, se comprometió a estar en la casa de Dios para orar y adorar con regularidad. Probablemente su adoración al Dios vivo le llenaba su espíritu cada día de reposo y le daba la fortaleza y el ánimo para la siguiente semana.

Cualquiera que sea la razón, Jesús la encontró en la sinagoga. Y lo primero que le dijo fue:

Mujer, eres libre de tu enfermedad. Y puso las manos sobre ella; y ella se enderezó luego, y glorificaba a Dios

(vv. 12,13).

¿Se imagina su gozo? ¡No más encorvadura! ¡No más sufrimiento por el constante dolor de espalda! ¡No mirar más al piso hora tras hora! ¡No más vergüenza!

Si la historia hubiera terminado aquí, habría sido una crónica maravillosa de la compasión de Jesús al sanar. Pero hubo mucho más que una sanidad física, porque los líderes religiosos de la época reaccionaron con la característica correspondiente a su condición espiritual. En vez de regocijarse por el acto bondadoso del Dios que profesaban conocer y servir, criticaron a Jesús por sanar a esta mujer en el día de reposo. Casi puedo escuchar la indignación y el regaño en sus voces cuando trataron de avergonzar a Jesús por lo que le dijeron a la multitud: «Seis días hay en que se debe trabajar; en éstos pues, venid y sed sanados, y no en día de reposo» (v. 14).

Jesús también reaccionó según su patrón usual. Se dirigió a sus acusadores con franqueza y pasión:

> Hipócrita, cada uno de vosotros ¿no desata en el día de reposo su buey o su asno del pesebre y lo lleva a beber? ¿Y a esta hija de Abraham, que Satanás había atado dieciocho años, no se le debía desatar de esta ligadura en el día de reposo?
>
> (vv. 15,16).

¡Qué acusación! Jesús conocía la miseria de los espíritus de aquellos líderes religiosos. Sabía que su legalismo y falta de compasión revelaban los duros e impenetrables corazones, de diferentes géneros, alejados por completo del corazón de Dios. Jesús sabía que ellos, como la gente que hoy nos rodea, desconocían sus propias ataduras porque no estaban en contacto con la realidad de lo que Dios es.

Nótese, sin embargo, que después que Jesús reprendió a los líderes religiosos, hizo una observación que es el centro del carácter de Dios. Enfocó que como la mujer que había sanado era hija de Abraham, le pertenecía a Dios. Satanás la mantuvo atada enteramente por mucho tiempo, y Jesús decidió que era el momento de liberarla de esa esclavitud. ¿Qué mejor ocasión para hacerlo que en el día de reposo —a lo que yo agregaría— y para colmo en la casa de Dios?

Lecciones

¿Qué podemos aprender de esta historia mientras nos preparamos a descubrir nuestras posibles ataduras? Veo, por lo menos, tres maravillosos pensamientos que nos pueden ayudar a entender el anhelo de nuestro Amado por libertarnos de la esclavitud.

1. *Es hermoso serle fiel a Dios pese a lo que ocurra en nuestras vidas.* Job demostró este principio cuando expresó esas palabras muy bien conocidas: «He aquí, aunque Él me matare, en Él esperaré» (Job 13.15). No importa lo que me pase, decía Job, me niego a dejar que la creencia de que Dios controla mi situación se rinda.

El apóstol Pablo refuerza este tema cuando les enseñó a los Tesalonicenses (y, a través de su carta a ellos, nos enseña): «Dad gracias en todo, porque esta es la voluntad de Dios para con vosotros en Cristo Jesús» (1 Tesalonicenses 5.18). Pese a las situaciones que nos ahogan, que incluso amenazan con abatirnos, podemos agradecerle a Dios que tendrá una oportunidad para mostrarnos su fortaleza a nuestro favor.

La mujer liberada de su problema vertebral fue premiada por su fidelidad a Dios, fuese su motivación por legalismo o por amor. Estuvo allí cuando Jesús quería que estuviera, «declarando con sus pies», por decirlo así, y Él la sorprendió con el maravilloso regalo de la liberación de sus ataduras.

Cuando su Amado esté listo para sorprenderla con una respuesta a su dilema, ¿la encontrará practicando la fidelidad más que la infidelidad? ¿Estará usted en donde pueda escuchar su voz y recibir sus regalos de sanidad y libertad? ¿O estará colocando su fe en otras cosas: gente, dinero, trabajos o cualquier cosa, menos Él, para «arreglar» sus problemas? Permanezca lista, esperando, anticipando con celo su acción. Permanezca fiel y esté en donde pueda recibir ayuda. ¡Usted no sabe cuándo su Amado la va a sorprender!

2. *Dios estima en gran manera a quienes le pertenecemos.* Por favor, no crea que Jesús la mira a usted o a su condición en la misma forma que ve a otros, aun aquellos que profesan

conocerle. Ellos no conocen todos los hechos. Él sí. Y a diferencia de nuestros hermanos de quienes las evaluaciones «objetivas» son casi siempre alteradas con juicio, Él mezcla los hechos con su perpetua misericordia, su don inmerecido. Él ve lo que está atándola. Reconoce los hechos (aun sus pecados y los de los demás) que la introducen a la esclavitud. Y anhela liberarla más que otra cosa.

¡Qué más!, el carácter de Dios nos alcanza y defiende de contender con lo que nos obstruye cuando le pertenecemos a Él. Jesús quería que la mujer encorvada comprendiera no solo su compasión *por* ella, sino su conexión *con* ella. Él vio su fidelidad a Dios, llamándola «hija de Abraham» y por consiguiente, verdadera hija de Dios.

Cuando usted vive en una conexión de amor con Jesús, Él nunca la ve con desprecio, desdén o disgusto. Él la estima, la honra, anhela darle el gozo, la paz, la autoestima y la herencia suya porque usted es de Él. Pablo lo dijo claramente en Romanos 8.1: «Ahora, pues, ninguna condenación hay para los que están en Cristo Jesús». ¡No hay condenación! ¿Dulce y amorosa represión y convicción cuando la necesitamos? Sí. ¿Pero condenación? No. Una vez que somos suyas, nunca nos reprochará, culpará ni avergonzará.

3. *Así como las esclavitudes afectan nuestro cuerpo, mente y emociones, la liberación de ellas impactarán todo nuestro ser.* Ya vimos la condición física de la mujer en Lucas 13, aunque ella también presenta un cuadro profundo de alguien esclavizado emocionalmente: «encorvada» de la mente y del espíritu. Las personas atadas en lo emocional no pueden «mirar hacia arriba» para ver las cosas con claridad. Caminan cada día en humillación y obscuridad.

No sé qué esclavitud causaba la enfermedad de esa mujer. Aunque si sé que cuando Jesús reconoció la causa y la liberó de ella, advirtiendo que provenía de Satanás y que había controlado su vida por mucho tiempo, ella recibió libertad y sanidad de su aflicción corporal.

Nuestros cuerpos, mentes y emociones, creadas por Dios están, como usted sabe, entretejidas. Lo que afecta a una, afecta a las otras. No podemos separarlas. Así que si su cuerpo está adolorido, su mente y sus emociones pronto sentirán el impacto. Si su mente o sus emociones están adoloridos, su cuerpo también le dolerá. Por eso Jesús quiere liberarnos de todas las esclavitudes. Él nos diseñó; Él conoce muy bien como se relacionan la mente, el cuerpo y las emociones.

Puede que usted viva a prueba de esa interrelación. Satanás pudo esclavizarla a algo por mucho tiempo, y ni tiene la menor idea de cómo librarse de eso. Puede que ni siquiera sepa que está esclavizada, ya que aprendemos a adaptarnos a las ataduras, y Satanás actúa rápido para no dejarnos ver su prisión, su infiltración en nuestras amistades, autoestima e intimidad con Jesús.

Si no se ha percatado de su esclavitud, tal vez no ha pedido conscientemente la libertad. Pero su Amor, Jesús, está íntimamente familiarizado con todo lo que la tiene atada, y quiere liberarla.

Una maravillosa promesa, en Juan 8.36, dice: «Así que, si el Hijo os libertare, seréis verdaderamente libres». Jesús le hablaba a los que no reconocían que Él era Dios encarnado. Ellos resistieron la verdad de su deidad y su relación con el Padre, Pero a los que creyeron y estuvieron dispuestos a recibirle, les prometió libertad.

¿Qué esclavitud la sujeta?

Así como Jesús halló a la mujer en la sinagoga, la encontró a usted. Así como seguramente su poder y misericordia la libertaron, Él está trabajando para liberarla a usted. ¡La determinación y fervor de su gran Amado no conoce ataduras! Usted es su hija, nacida de su Espíritu. Usted le pertenece a Él, y Él es la Verdad que viene a darle libertad. Si hay esclavitudes en su vida que impiden la unión con Él, Él las buscará juntamente con usted y las destruirá.

Jesús vino a «deshacer las obras del diablo» (1 Juan 3.8), y la esclavitud es una de esas obras. El Hijo de Dios está listo para ver su historia junto con usted y asegurarle que las cadenas están rotas, que las sogas están desatadas.

A menudo pensamos en las ataduras como adicción a las drogas o al alcohol, hábitos carnales, relaciones que no podemos romper. Estas en efecto son esclavitudes, y muchas creyentes caen presas en esta clase de cautiverio. Otras ataduras que experimentamos son más sutiles. Pero cualquiera que sea el método de Satanás para desviar nuestras energías del Amado, usa la esclavitud para desacreditarnos, ante nuestros propios ojos, ante los ojos de otros y ante Dios.

¿Cómo saber si uno está en alguna clase de esclavitud? Vea conmigo, en esta sección, las tres categorías comunes de esclavitud. Y mientras lo hace, pídale al Espíritu Santo que descubra cualquier cosa que la tenga como en cautiverio.

1. *La esclavitud de los fracasos pasados*

Aun después de que confiamos en Jesús para nuestra salvación y entramos en una profunda relación con Él conectándonos por medio del Espíritu Santo, nuestros fracasos pueden conservar una firme y dolorosa atadura en nosotras. Constantemente el conocimiento de nuestros errores pasados opaca la realidad de su amor y su deseo de que nos acerquemos a Él. Nuestro continuo sentido de indignidad puede aumentar debido a los recuerdos de los errores cometidos.

La esclavitud de los fracasos nos produce un ciclo vicioso: Amamos a Jesús y queremos experimentar más de su amor, pero sentimos una necia preocupación de que lo que dijimos o hicimos continúa entre Él y nosotras. Sí, sabemos que la Biblia afirma que somos perdonadas por todos nuestros pasados pecados, errores y fracasos, pero el conocimiento no rompe por completo las cadenas que nos obligan a escuchar la jubilosa e infinita repetición de Satanás diciendo: «¿Recuerdas cuando...?»

A Satanás le encanta mantenernos esclavizadas con los errores que cometimos en el pasado. Siempre está presto a recordarnos nuestras fallas; es más, ese es uno de sus trabajos.

Recuerda Apocalipsis 12.10, que nos dice que Satanás es «El acusador de nuestros hermanos ... el que los acusaba delante de nuestro Dios día y noche». Hora tras hora nuestro enemigo no solo nos recuerda a nosotras, sino a Dios, todas las razones por las que seguimos siendo indignas del amor de Dios. ¡Cómo le deben cansar a Dios sus necedades!

Pero la Biblia también indica que Jesús, nuestro precioso Amado, está «viviendo siempre para interceder» por nosotros (Hebreos 7.25). Como la intercesión es oración en favor de otros, sabemos que esa es una de las actividades de Jesús, así como que está sentado a la derecha del Padre y le está informando lo que nosotras necesitamos. Y a menudo lo que necesitamos es que nos defienda de los asaltos del enemigo. *El libro The Message* pone Hebreos 7.25 de esta manera: «[Jesús está] siempre en la tarea de hablar por [nosotros]».

¿En dónde es que Satanás le aprieta sus teclas? ¿Cuáles errores y pecados del pasado le persiguen aún? ¿Qué le hace sentirse indigna del amor y la aceptación total de Jesús? ¿Cuál «si no» persiste, destruyéndole el gozo en el Señor?

He hablado con mujeres atadas por recuerdos de abortos, que parten el alma. Otras viven con el dolor y la culpa de palabras y acciones impulsivas. Algunas sufren física, emocional y mentalmente porque han sostenido relaciones sexuales extramatrimoniales. Otras saben que eligieron mal a sus cónyuges y que lo hicieron basadas en razones incorrectas, sin dirección de Dios. Otras que se comprometen a cuidar a algún pariente anciano se percatan de sus propias frustraciones causándoles la sensación de sentirse rudas, aun ofensivas.

Una cantidad enorme de mujeres se sienten culpables por sus fallas como madres. Unas se lamentan por la falta de tiempo que pasaron con sus hijos. Otras dudan si hicieron correcto uso de su disciplina. Otras practican el juego «si no», si debieron haber trabajado fuera del hogar. Otras se sienten responsables por la vida que lleva un hijo ya adulto, están seguras de que él o ella están pagando el precio por las deficiencias de mamá.

Experimenté una tremenda esclavitud en cuanto a la manera en que crié a nuestra primera hija, Jana. Nunca cuestioné mi amor por ella, pero siempre dudé de mi habilidad, o la falta de ella, como su madre. Por años me entristecí cada vez que veía en la televisión algún programa acerca de la familia «ideal», especialmente cuando presentaban unas buenas relaciones entre madre e hija. Cada vez que leía un buen libro sobre la dinámica de la familia, le pedía a Jesús que me perdonara por ser una madre inadecuada para Jana.

¿Ha sentido culpabilidad en su papel de madre? ¡Satanás se la alimentará con crueldad! Él sabía todo respecto a mis sentimientos y necesidades, y nunca perdía oportunidad para recordarme mi ineptitud. Me invadió la memoria con vivas imágenes instantáneas de situaciones en que fallé como madre. Una venía a mi mente más frecuente que el resto.

Cuando salí embarazada de mi segunda hija, Jana tenía menos de tres años de edad. Vivíamos en un vecindario nuevo, y no le permitía que jugara en otro lugar que en nuestra calle, en la que había muchos niños y tenía poco tráfico. A Jana le encantaba jugar en nuestro patio o con niños que vivían en las casas cercanas.

Pero un día frío, mientras la observaba por la ventana, me distraje y dejé de verla. Cuando regresé y volví a mirar hacia afuera, no la vi. Puede que usted haya pasado por la misma inquietante experiencia: el pánico, salir corriendo y gritar el nombre del niño frenéticamente. Jana no estaba lejos, caminó con una amiguita que vivía en la calle detrás de nosotros, y terminaron jugando en el jardín de otra niña. Cuando la encontré, la agarré por la mano diciéndole que había roto las reglas. Me la llevé a casa, emocionada por haberla encontrado aunque molesta conmigo misma por no cuidarla mejor. Ya en el interior, le quité bruscamente su abrigo y su bufanda, y proseguí explicándole los peligros de la calle. Ella almorzó y luego tomó su siesta mientras seguía temblando al pensar lo que le pudo suceder.

Esa misma noche, mientras la bañaba, noté como una quemadura en su cuello.

—¿Qué es esto, amor? —le pregunté—. ¿Por qué tienes esta marca en el cuello?

La perpleja respuesta de Jana se fijó en mi conciencia y en mi subconsciente por el resto de los años.

—Ahí fue donde me golpeaste, mami, por estar enojada —me explicó.

Confundida por un momento, recordé que cuando le quité la bufanda del cuello, le provoqué la quemadura con el roce de la tela.

Tomé a Jana en mis brazos, mojada aún, explicándole desesperadamente que no la había golpeado a propósito. Me la acerqué y le dije una y otra vez lo mucho que lo sentía.

Jana no se acuerda de ese incidente, al menos no conscientemente, pero en mí causó culpabilidad durante años. Por diez años me sentí responsable de cada rebeldía suya. Ahora sé que se revelaba en la edad correcta y en un lugar protegido en el que se sentía amada. Pero siempre sentí una grieta en nuestra relación, ciertamente cada problema que Jana tenía era fruto directo de mis errores como madre. (Y créame, ¡el incidente de la bufanda no fue el peor de mis pecados!)

Era esclava de mis propios sentimientos de culpa e indignación, y no importaba cuán a menudo le pidiera a Jesús que me perdonara, la condena permanecía.

¿Está Jesús hablándole? ¿Es usted, también, perseguida por los errores del pasado? Siga leyendo. No pierda la esperanza. Nuestro Dios Redentor promete que «os restituiré por los años que comió la oruga» (Joel 2.25).

2. La esclavitud de las circunstancias

Innumerables circunstancias en nuestras vidas pueden robarnos el gozo, la paz y la libertad, si lo permitimos. Tal vez una enfermedad, o la de un ser querido, la mantenga en casa, incapaz de disfrutar los placeres de la vida. Quizás tiene algún niño seriamente enfermo. ¿Por qué usted? ¿Por qué un ser querido? ¿Y por qué no hay ninguna respuesta a las continuas oraciones al cielo por sanidad, o simplemente por un pequeño alivio al sufrimiento y encierro que lleva día a día?

Otras circunstancias pueden causar «enfermedad» en su vida. Quizá una persona significativa con la que tiene cierta relación —un familiar, un compañero de trabajo, aun un miembro de la iglesia—, es egoísta y manipuladora, a pesar de todos sus esfuerzos por librarse. Quizás el ambiente de su trabajo o iglesia es desagradable y asfixiante. Probablemente el desempleo le amenaza con destruir la seguridad financiera que tanto le ha costado edificar.

O tal vez, como mi amiga Angie, que se casó pese al fuerte desacuerdo de sus padres; usted cree que no hay «arreglo» para sus circunstancias. Sus padres tenían razón: El pasado del esposo y su estilo de vida *eran* sumamente diferentes a los de ella. Cuando el romance a primera vista desapareció, se percató de que él se oponía a casi todo lo que era importante para ella. Pero usted lo escogió, sabiéndolo o dejándose llevar en dicha relación, y los incidentes que le acompañan ahora amenazan devorarle el gozo de su vida, su mismo espíritu. ¿Cómo sobrevivirá los próximos treinta o cuarenta años?

Usted piensa en otras mujeres que también llevan matrimonios infelices, mujeres a las que sus padres le negaron su ayuda para salir de sus situaciones. «Tú te lo buscaste», dicen ellos con crueldad. «Ahora sufre las consecuencias».

«Quizás así es como Jesús se siente conmigo», dirá usted. «¿Por qué habría de rescatarme cuando todo este alboroto es por mi voluntad?»

Anímese. Jesús se preocupa por cada circunstancia de nuestra vida. Él sabe si la enfermedad, otras personas, Satanás o las consecuencias de nuestras decisiones, nos hacen víctimas, y anhela defendernos y ayudarnos a ganar su victoria. Lea la otra categoría de la esclavitud; luego daremos a algunas soluciones.

3. *La esclavitud de la falta de perdón*

La esclavitud de los fracasos y circunstancias pasadas es devastadoramente común, y venenosa; esta engañosa esclavitud corre con desenfreno en el Cuerpo de Cristo. ¿Y cómo es eso? La esclavitud de la falta de perdón, la incapacidad o la falta de voluntad para perdonar a otros que practica la misma gente que han recibido la incalificable e inmerecida misericordia y el perdón de Dios. Como la falta de perdón es la esclavitud arraigada de mucha gente, y debido a que es tan opuesta al carácter de nuestro Amado, intento incluir algo de la relevancia del perdón en casi todos los mensajes que doy, y lo considero de suma importancia para considerarlo ahora. Esta simple esclavitud es el origen de muchos dolores de cabeza, de muchas relaciones rotas y el debilitamiento en la comunión e intimidad con Jesús.

Una vez que ella toma lugar, se motiva la esclavitud de cada parte de nuestro ser, cuerpo, mente y espíritu. ¿Qué dice la Biblia acerca de la falta de perdón?

Dios dice claramente en su Palabra que una vez que entramos al pacto de su inmerecida gracia y perdón, espera que nos convirtamos en perdonadores también. «Antes sed benignos unos con otros, misericordiosos, perdonándoos unos a otros, como Dios también os perdonó a vosotros en Cristo». Ese mandato de Efesios 4.32 no deja lugar para caprichos o discusiones. Dios dio el ejemplo supremo en su propio perdón por nuestros pecados, y Jesús lo intensificó continuamente mientras estuvo aquí en la tierra.

La definición del Nuevo Testamento acerca de las expectativas de Dios en este aspecto, se encuentra en Mateo 18, donde encontramos la parábola de Jesús en cuanto a un hombre que tenía una enorme deuda. Este no podía cumplir con esa obligación, y le rogó a su amo que le diera más tiempo. «Ten paciencia conmigo», le rogó, «y yo te lo pagaré todo» (v. 26).

Sorpresivamente, Jesús le contó a sus discípulos que «el señor de aquel siervo, movido a misericordia, le soltó y le perdonó la deuda» (v. 27). El deudor salió del apuro. No lo enviarían a la prisión; no tenía que pasar noches sin dormir pensando dónde conseguiría el dinero. Estaba libre de todo por la absoluta misericordia de su amo. ¡Era un hombre feliz!

La historia no termina aquí, por supuesto. Jesús prosiguió diciendo que este mismo hombre, ahora libre de deudas,

«Salió, y halló a uno de sus consiervos, que le debía cien denarios; y asiendo de él, le ahogaba, diciendo: Págame lo que me debes» (v. 28). La suma que se le debía al hombre a quien se le había perdonado, era dieciocho centavos en plata, nada comparado con lo que él debía: más de diez millones de dólares. Pero cuando el deudor le rogó: «Ten paciencia conmigo, y yo te lo pagaré todo» (v. 29), el hombre libre de deudas se negó. Le ordenó que pagara de inmediato y, cuando el pobre no pudo cumplirle, lo encerró en la cárcel.

¿Quién actuaría tan despiadadamente luego de recibir tanta gracia? Usted cree que este hombre estaba lleno de gratitud por su propia situación, tan lleno de gozo por la cancelación de su deuda, que gustosamente podía mostrar misericordia y perdonar esta menor deuda.

El punto de vista de Jesús, por supuesto, era establecer la conexión entre el perdón, el recién liberado deudor aunque no agradecido aún y nosotros cuando no queremos perdonar a otros. Dios no tolera tal conducta, y Jesús enfatizó la lección finalizando la historia. La conducta imperdonable del deudor se le reportó exactamente a su amo, que furioso por la falta de compasión, lo entregó a sus verdugos, hasta que pagase todo lo que debía.

«Así también mi Padre Celestial hará con vosotros», concluyó Jesús, «si no perdonáis de todo corazón cada uno a su hermano sus ofensas» (v. 35).

¡Qué llamada de alerta! Después de todo, la mayoría de nosotras oramos con regularidad parte de la oración del Señor: «Y perdónanos nuestras deudas, como también nosotros perdonamos a nuestros deudores» (véase Mateo 6.12). Pero, ¿lo sentimos en verdad? Queremos y esperamos que Dios nos perdone, ¡pero dudo que Él quiera que su perdón a nosotras sea en la misma manera tan escaso en que a menudo lo damos! Queremos que Dios sea mucho más ligero y mucho más misericordioso que nosotras.

Pese a eso, nuestro Amado es tiernamente firme con nosotras. Él conoce la manera en que lidiamos con las ofensas que a menudo revela a nuestro entendimiento con su gracia y misericordia. Mientras más comprendemos y aceptamos su perdón hacia nosotros, más dispuestas estaremos a perdonar a otros. Y la reciprocidad es verdadera: Si somos incapaces de mostrar misericordia a los que se nos oponen, hay una buena razón para creer que nunca entramos a la gracia de Dios entregados con «los brazos completamente abiertos». No entendemos nuestro propio perdón.

¿Qué es el perdón?

En este momento, usted se preguntará qué es el perdón.

1. *Perdón es un acto voluntario de obediencia a Dios, no una emoción.* Jesús insiste en que nos convirtamos en perdonadoras. Él lo ordena. Pero realmente no lo podría hacer si el perdón fuera una emoción, porque Dios, que nos hizo, sabe que no podemos mandar en nuestros sentimientos.

No, el perdón no es un sentimiento. Es algo que brota de nuestra voluntad. Y nuestro libre albedrío —la capacidad de tomar decisiones, no nuestras emociones— dado por Dios está mejor equipado para ayudarnos a elegir el perdón. ¿En qué basamos esa elección? No en la conmoción que una ofensa (y agresor) nos cause, sino en el deseo de obedecer y agradar a nuestro Amado.

Cuando elegimos perdonar, le damos a Dios la libertad de sanar nuestras emociones. Es lamentable que la mayoría de la gente trata de desviar este principio. Claman a Jesús que les sane sus dolores, y aceptan en sus corazones perdonar al agresor una vez que el dolor se terminó.

El perdón no es así y no trabaja de esa forma. Debemos primeramente perdonar por amor y obediencia a Jesús (no necesariamente, en este punto, al agresor). Luego podemos descansar en su gracia, y nuestras emociones se bañan en su bálsamo sanador. Algunos hermanos cristianos lo afirman mejor: «Los sentimientos *siguen* al perdón».

2. *¡Perdón es renunciar a nuestro derecho!* Esto quiere decir que no retendremos el perdón en nuestros corazones solo porque estemos en lo correcto en cierta situación aunque la

otra persona esté equivocada. He aconsejado a gente tan lastimada por otros que sé que están sanos solo por la gracia de Dios. Sin duda que estaban equivocados o que las ofensas fueron espantosas y crueles.

Pero nuestra justicia en cierta situación no nos da autoridad para guardar rencor o negarnos a perdonar. En el minuto en que recibimos la plena gracia de Dios a través de la sangre de Jesús, rendimos nuestro derecho.

Aunque Jesús colgaba en aquella cruz, era inocente. Él tenía derecho, según las reglas de hoy, a odiar a quienes lo lastimaban. Como Dios, tenía derecho a llamar a legiones de ángeles para que lo rescataran, y estaba en su derecho de destruir a sus agresores. Pero ofreció todos esos derechos para poder comprar nuestra remisión y seguro perdón de nuestros pecados.

Nosotras también somos llamadas a rendir el derecho de guardar rencor o amargura, aun cuando seamos víctimas inocentes.

Una mujer se me acercó durante una conferencia.

—Quiero que escuche mi historia —comenzó—, ¡y que me diga si tengo o no derecho a sentirme como me siento!

Empezó a relatar la triste historia de la agonía que vivió con su madre hasta el día en que murió. Ella era la única que la cuidaba, aunque tenía hermanos residiendo cerca. Ninguno de ellos, en su opinión, estaban interesados en ayudarla. Ella dedicó todo su tiempo y energías a su madre que amaba profundamente, deteniendo el curso de su vida.

—No lamento ni un solo minuto del tiempo que le di a mi mamá —me dijo—. Ella sabía cuánto la amaba.

La escuché con interés, pensando si el problema de esa mujer sería falta de perdón, aunque sospeché que ya tenía la respuesta.

Muy segura, dijo bruscamente:

—Y ahora que mi madre ya no está, ¡todos quieren compartir la herencia! No hicieron nada para ayudarme cuando estaba viva, pero ahora quieren asegurarse de que no los dejó fuera de su testamento.

Escucho muchas historias parecidas, cada una con diferente escenario, jugadores, golpes y ofensas, pero todas con la misma sensación de injusticia. Esta mujer amó a su madre y aunque la cuidó sin amargura, se resintió con los que no la ayudaron; y ahora que la madre ya no estaba, esos resentimientos surgieron con una fuerza increíble.

—¿Eres creyente? —le pregunté.

—Sí —me contestó—, lo soy.

Así que le hablé de su relación con Jesús, de su amor por Él y el de Él por ella. Le recordé el mandamiento de perdonar, y que responder a ese mandato está ligado a nuestra aceptación de su perdón por nosotras.

—Pero cuidar a mi madre era tan agobiante —sollozó—. No solo necesité la ayuda de mis hermanos, sino también que me animaran y elogiaran. Nunca estuvieron allí conmigo. No tenían idea de cómo me dolía enfrentar la pérdida de mi madre así como de renunciar a mi vida normal. ¡Ellos me fallaron!

Dolor y enojo, ella quería que alguien lo pagara.

—¿Cómo es ahora su relación con los miembros de la familia? —le pregunté.

—Protesté por el testamento porque mi madre nos dejó a todos partes iguales de la herencia —me respondió—. Creo que mis hermanos no lo merecen.

Luego confesó:

—Ellos no me hablan.

—¿Vale la pena todo esto para que te sientas bien? —volví a preguntarle.

Ella gimió algo más. Por último alzó la vista y me miró con una expresión que parecía una verdadera sonrisa.

—¿Quiere orar conmigo y ayudarme a optar por perdonar?

El Espíritu Santo ayudó a esta mujer a decidirse a perdonar y a rendir el resentimiento al que creía tener derecho. Estoy segura de que Él trabajó en su corazón mucho tiempo antes de que ella hablara conmigo. Perdonó a los que la decepcionaron, renunció a sus derechos ese día y fue libre de una esclavitud que la pudo tener presa el resto de su vida. Digno de su naturaleza, su Amado se aseguró de que estuviera en el lugar correcto a la hora exacta para escuchar, entender, recibir y actuar.

Un principio más nos ayudará a entender lo que es perdón.

3. *El perdón es una opción que debemos practicar a diario.*

¡Usted puede estar en una situación o relación en la que necesita practicar el perdón hora tras hora![1] Para la mayoría de nosotras el perdón debe ser una opción progresiva. No venimos a esta fuente solo una vez; ¡vivimos en ella! Tenemos que decidirnos a perdonar cada día, para quitar el resentimiento. Y mientras más practiquemos el perdón, más resueltas estaremos a ser perdonadoras. ¡Optar por perdonar es efectivamente ser libre!

Mi amiga Karen era una hermosa mujer con un tierno semblante y una sonrisa encantadora. Tenía unos cuarenta años, una apariencia elegante, estaba casada y tenía hijos. Ella y su familia eran queridos y respetados en la iglesia y en la comunidad. Así que la primera vez que Karen llamó para fijar una cita, no me imaginé qué era lo que quería. Todo parecía ir bien en su vida. (Nunca sabemos la angustia que otras personas pueden estar experimentando.) Pero Karen tenía una necesidad que nunca le expresó a nadie.

—Me estoy poniendo más vieja cada día, Jan —comenzó—, y mi apariencia es todo lo que tengo.

Y así se desarrolló la historia. Karen creció con sus padres que aún vivían y continuaban casados. Consideraba a su papá un buen padre. Se había preocupado por ella y su hermana y había trabajado duro por su familia. Pero le hizo una observación, aparentemente bastante frecuente, que retumbaba en la memoria de ella. «Cariño», le decía, «tu hermana, Emily, es la que tiene el cerebro. Tú tienes la buena apariencia. Eso es todo lo que tienes».

---

1 No estoy hablando de someterse a una situación abusiva. Si usted corre peligro físico o está sujeta a constante abuso emocional, necesitará, primero que todo, decidir irse a un lugar seguro. Luego podrá tratar con el perdón.

Una y otra vez ese pensamiento fue reforzado al relacionarse con su padre.

—Pero Karen —le dije—, ahora eres cristiana. Sabes que posees mucho más que tu apariencia.

Ella lo sabía. Era una creyente fiel y tenía una fuerte relación de amor con Jesús. Tenía toda las verdades espirituales arraigadas profundamente en su espíritu. Pero no podía salir de esta errónea perspectiva de sí misma, sobre todo porque se la impartió alguien en quien confiaba y amaba.

Así que cada arruga atemorizaba el espíritu de Karen. Cada cabello blanco le hacía sentir que iba a perder lo único valioso que poseía, su buena apariencia.

Karen y yo tuvimos sesiones de consejería por largo tiempo, y observé que mucha gente, además de su padre, le reforzaban la mentira que moldeaba su vida. Karen decidió perdonarlos a todos. No era necesario buscar culpables, sino liberarse de la esclavitud de las palabras de su padre y las afirmaciones de los demás.

Vi en una semana el cambio en ella cuando comenzó a perdonar. ¡Qué placer verla disfrutar de la fuente de perdón y estima de su Amado haciendo decisiones voluntarias de perdón, y entregando los conceptos falsos de ella a Él!

Supe que Karen hizo del perdón un principio que practicaba a diario cuando la vi tratando otra situación dolorosa. Me llamó un día muy emocionada porque, después de buscar un trabajo por hora, le pidieron que trabajara como secretaria de la iglesia. Acordamos salir a almorzar juntas, ya que quería saber todo al respecto.

Llegamos al restaurante y ordenamos la comida; al fin pude decir:

—¡Cuéntame todo sobre tu nuevo trabajo!

Karen nunca andaba con rodeos.

—Parece —dijo—, que no voy a tener el trabajo, después de todo.

—Pensé que era un hecho.

—Lo era. Pero la cuñada de nuestro pastor se mudó para esta ciudad y él decidió darle el trabajo a ella.

¿Qué podía decirle?

—¿Cómo te sientes con eso? —le pregunté finalmente.

—Ah, Jan —me respondió—, ¡tú eres la única que me ha dicho que tengo que vivir en la fuente del perdón! Amo mucho a mi pastor y a la iglesia para permitir que esto se interponga entre nosotros. He decidido perdonar.

Karen aprendió que no solo podía ser perdonadora una vez o dos, sino cada día, pese a la injusticia. Ella se aseguró de que la amargura no se arraigara en su espíritu. Ya conocía los resultados de ser perdonadora, y vio la necesidad de practicarlo aun otra vez en esta situación.

Nunca estamos más cerca del corazón de nuestro Amado que cuando practicamos diariamente el perdón.

Perdonar es difícil

Ninguna de las situaciones de Karen fueron fáciles de tratar. Parece ser que se inclinó con más facilidad hacia el perdón, sin importarle la pérdida del empleo, que tener en cuenta las palabras de su padre que moldeaban su vida. Pero eso fue porque aprendió a practicar el principio.

El perdón es difícil al menos por dos razones. La primera, no es natural. Cuando alguien lastima u ofende a alguien a quien amamos o a nosotros, automáticamente nos ponemos a la defensiva, protegiendo y haciendo justicia a cualquier costo. Esta es una respuesta automática humana. En el mandato a perdonar, Dios nos pide que hagamos lo imposible o sobrenatural. ¿Por qué? Porque Él nos ama, nos acepta, valora el perdón. Cuando practicamos el perdón, le agradamos a Él, aumentando nuestra intimidad.

Nuestro Amado también sabe que la falta de perdón nos atará a lo que nos dijeron o nos hicieron. La ofensa nos controlará, evitando que disfrutemos nuestra relación con Él a plenitud. De manera que seremos beneficiadas al buscar el perdón desde diferentes ángulos despojándonos de los malos conceptos al respecto y abrazando el mandato de nuestro Amado.

La segunda razón por la que es difícil perdonar: Porque a menudo tener que perdonar nos hará parecer débiles.

He oído mujeres que frecuentemente dicen que si hubieran perdonado a quien las lastimó, hubieran ayudado a esa persona, perdonándole lo que había dicho o hecho o bien actuando como alguien que sufre sin protestar.

«No puedo perdonar», razona de esta manera. «Duele mucho, y además, ellos estaban equivocados. Si perdono, nunca sabrán cuán equivocados estaban o cuánto me lastimaron». O bien: «No lo puedo perdonar hasta que se disculpe y reconozca que estaba equivocado».

¿Se ha sentido alguna vez así? Yo sí. Pero otra vez, estos son malos conceptos y actitudes incorrectas del perdón.

La falta de perdón no cambia a nadie, pero si destruye. Causa pérdida del sueño, amargura y una tremenda tensión en nuestras vidas. Cuando decidimos salir de una situación dolorosa mediante el perdón, no podemos permitir que nos destruya lo que se nos dijo o hizo, ni tampoco tengamos que echar fuera a Satanás cada vez que él lo traiga a la mente. Con la mayor disposición a ayudar, volvamos a repetirlo una y otra vez en nuestras mentes, y si podemos encontrar a alguien que nos escuche, expresémosle la ofensa de manera que él o ella afirme nuestro derecho de sentirnos en la forma en que nos sentimos y nos ayude a lidiar con el resentimiento. Podemos creer que somos libres del resentimiento cuando pasa el tiempo, y no pensamos en eso tan a menudo. Pero a menos que lo tratemos a través del perdón, lo único que hacemos es empujarlo al nivel subconsciente, donde su veneno permanece controlando nuestras vidas.

Espero que empiece a ver el daño que la falta de perdón vierte en la vida de cada persona involucrada. Tal vez ha tratado de romper esa esclavitud, solo para encontrarse encadenada una vez más. Usted cree que ha perdonado a alguien, pero la ofensa de esta persona le sigue causando tropiezos. O quizá sabe que no perdonó a algüien, pero se pregunta qué pasos dar exactamente para salir de eso. El capítulo 7 nos ayudará a explorar esos dilemas.

Una vez que descubrió el problema...

¿Ha puesto Jesús su dedo en alguna atadura que la esté alejando de la vida que Él quiso que viviera? ¿Ha descubierto Él los fracasos del pasado, una circunstancia o una falta de perdón en su vida de la que necesita liberarse? Si es así, apóyese en su fortaleza y su mano liberadora y trate con el problema ahora. Usted tiene una oportunidad dada por Dios para liberarse; ¿Por qué regresar a la prisión?

Agarrar la mano extendida de Jesús es el primer paso para salir de la esclavitud. ¿Qué más debe hacer para que Jesús la libere? Si le afecta alguna esclavitud, ¿cómo contrarresta esos efectos? Continúe leyendo para conseguir algunas respuestas bíblicas, y permítale a su Amado que trabaje poderosamente en su vida.

Oración

Precioso Amado, he permanecido encorvada por mucho tiempo.

Por favor, descubre cualquier atadura que me impida una relación más plena, más cálida y más profunda contigo y con los demás. Escudriña cada obstáculo, hasta que cada uno se rinda ante tu nombre y autoridad. Lo pido en tu poderoso nombre. Amén.

7

Él nos libera de la esclavitud

Sicólogos y profesionales del comportamiento vienen con fórmulas para liberar a la gente de las diferentes clases de esclavitud que discutimos, que en nada se comparan con los simples patrones ofrecidos en la Palabra de Dios. Yo aplico estos patrones en mi propia vida, cooperando con Jesús para romper las cadenas de los fracasos del pasado, de las circunstancias y del rencor o falta de perdón.

Usted puede seguir el mismo patrón bíblico para encontrar libertad y echar fuera a Satanás.

Permítale a su Amado que la ayude a ser libre

1. De la esclavitud de los fracasos

Para permitirle a Jesús que me libertara de la esclavitud de los fracasos como madre, tuve que hablar con Él acerca de eso por última vez. No repetí más esa conversación, porque ante sus ojos eso ya estaba solucionado. Yo también necesité verlo resuelto. Esta última conversación incluyó los siguientes intercambios:

1. *Le pedí perdón por errar el blanco, por no cumplir con los mandatos bíblicos.* Tuve que llegar a la conclusión

de que en efecto, yo no era (ni aún lo soy) una madre perfecta. Nuestro Padre celestial es el único Padre perfecto. Habría deseado hacer muchas cosas diferentes y haber conocido en ese entonces cómo darle a Jesús la total soberanía en mi vida. Pero no puedo cambiar las cosas.

2. *Le dije a Jesús que creía en Él por su perdón y decidí vivir en su perdón.* Debido a nuestra incapacidad no podemos confiar en que su perdón es real, ni vivir diariamente en la condición de ser perdonadas, eso nos mantiene aprisionadas. Hasta que tomemos posesión de su gracia (favor inmerecido) para cubrir nuestros fracasos pasados, como Él quiere que lo hagamos, ellos continuarán manteniéndonos en cautiverio.

3. *Desaté mis fracasos pasados por la sangre de Jesús una vez y por todas* —cada hecho y actitud errónea, cada palabra dolorosa. Tuve que proponer en mi corazón que se fueran— como en realidad pasó, de acuerdo con la Palabra de Dios. El profeta Miqueas nos dice que nuestros pecados «Él los echará, en lo profundo del mar» (7.19). Alexander Cruden expresa en su *Unabridged Concordance* [Concordancia completa], que «lo que se echó en lo profundo del mar se da por perdido, no tenemos ninguna esperanza de encontrarlo más; así que echar pecados en lo profundo del mar nos da el completo y libre perdón de ellos». Mis errores ya no eran míos. Perdí el control sobre ellos, así que ellos también perdieron su poder sobre mí.

4. Finalmente (y aquí es donde muchas nos decepcionamos), aunque no me sentí diferente después de esta última conversación con Jesús respecto a estos pecados en particular, *continué afirmando mi libertad de la esclavitud de los fracasos y me aferré a la realidad de su promesa.* Lentamente empecé a sentir libertad.

2. De la esclavitud de las circunstancias

Su Amado sabe y le duelen las circunstancias que parecen más de lo que usted puede cargar. No importa si se originaron en los pecados de otros o si usted misma se hizo víctima por tomar decisiones equivocadas. Jesús no necesita que usted juegue a culpable o que se arrastre en humildad. Una simple entrega de su corazón a Él, reconociendo la necesidad de arrepentimiento es suficiente para abrir las puertas de su tierna y poderosa liberación. Sin amonestaciones. Él solo plantea una pregunta: *¿Quieres cooperar conmigo y que las cosas cambien con urgencia?*

Si su respuesta es sí, Él trabajará, primero en usted, luego a través de usted, en las circunstancias. Las siguientes ideas le ayudarán a cooperar con Él.

Decídase a estar contenta

La primera pista para cooperar con Dios y ganar la victoria de la esclavitud de las circunstancias viene del apóstol Pablo, que escribió: «He aprendido a contentarme, cualquiera que sea mi situación» (Filipenses 4.11). Pablo indica que nadie puede controlar el hecho de estar contento en cualquier situación que se encuentre. Pero, ¿cómo?

Entendiendo que el principio de vivir por fe y no por vista es examinado en circunstancias cruciales. Esto quiere decir que debemos decidir estar en constante contacto con nuestro Amado, dependiendo de sus promesas y permitiéndole que nos transforme cuando las circunstancias parezcan arrolladoras. Él debe ser nuestra constante fuente, que nos provee toda la gracia que necesitamos para triunfar en cada situación, ya sea que parezca que va a cambiar o no. Jesús debe ser nuestra fortaleza, el único que trae deleite y paz a nuestros corazones.

Pero experimentaremos su maravillosa fortaleza, gozo y poder para transformarnos, si solo decidimos hacerlo. Pablo dijo que tenemos que aprender a estar contentas, el contentamiento no le vino sin ningún esfuerzo premeditado de su parte para retener su pensamiento. Por todo el tiempo que nosotras pongamos mala cara, nos quejemos, le exijamos a Dios o a otros, o busquemos escapar con la televisión, usando drogas u otras maneras, nuestras circunstancias continuarán controlándonos. Pero cuando dejemos ir las perversas e inefectivas alternativas, nuestro Amado podrá empezar a liberarnos.

Decídase a confiar en Jesús

La segunda pista para cooperar con Dios tiene que ver con la confianza en Jesús, en un acto voluntario, en todos los acontecimientos de su vida. Una vez que lo haga, creerá que Él está trabajando en maneras que usted no conoce y que cumple sus propósitos en usted. Pese a lo que parezca ocurrir en la situación.

Esto es un ciclo de esclarecimiento y enriquecimiento duradero. La realidad de su activa intervención en nuestras vidas, que será más y más obvia cuando confiemos en Él con más profundidad, nos ayudará a librar cada nueva circunstancia y a desarrollar su cuidado diario, la gracia maravillosa y su milagroso poder. Y en el proceso descubriremos un contentamiento que nunca imaginamos, contentamiento que no proviene de las mismas circunstancias, sino de nuestra relación con el Amado que controla esas circunstancias.

3. De la esclavitud de la falta de perdón

Usted puede cooperar con su Amado a la libertad del rencor, preguntándose a sí misma, primeramente: «¿A quién necesito perdonar?»

Si la ofensa de una persona aparece muy marcada en su mente, esta puede ser una pregunta tonta. Pero la esclavitud del rencor es sutil. Es fácil, por ejemplo, ser engañada al considerar el perdón necesario solo en caso de enormes ofensas, o suponiendo que la falta de perdón no es un problema con el que *nosotras* luchamos. Sin embargo, Dios dice que cancelemos todas las deudas, grandes o pequeñas. ¿Qué pasa con el capitán de la liga infantil de béisbol que nunca deja que su niño juegue? ¿O la persona de la iglesia que siempre se queja? ¿Qué pasa con el jefe que nunca aprecia nada de lo que usted hace y que no le da ningún ascenso? ¿Recuerda el maestro que es bastante injusto y el pastor que la disgustó?

Nuestras vidas están llenas de gente por perdonar. Y aún no mencionamos las ofensas tan horribles que provocan aclararlas, ¡esas que destrozan nuestras vidas y que nos dejan tambaleando por el golpe!

A veces la persona que necesitamos perdonar no esta viva, o es alguien con quien perdimos el contacto, o que nos lastimó hace tanto tiempo que llega a la memoria solo de vez en cuando, pero que aún produce enojo y resentimiento. El Espíritu Santo puede ayudarnos a tratar con esas ofensas también.

O quizá a quien debe perdonar es a usted misma. Puede que esté atrapada en el rencor porque se decepcionó consigo misma de tal manera que las ideas acerca de su persona están degradadas y llenas de odio. Tal vez crea que Jesús se siente igual. ¡Debo enfatizar que Él no se siente así! Él la anima a perdonarse a sí misma como seguramente la anima a que perdone a otros. Sostener una ofensa contra sí misma ata tanto como sostenerla contra otro, y el mandato de Dios para perdonar incluye a la propia persona. Si no lo sabe, eso opaca su relación con su Amado, lo mantiene lejos y la mantiene a usted en esclavitud.

Otra idea respecto a perdonarse a sí misma. Si *no* lo hacemos, corremos el riesgo de tratar sutilmente de reparar nuestros pecados. Sentimos en alguna manera que sosteniendo el rencor, estamos expiando nuestros pecados. Eso es peligroso y puede traer autocompasión como resultado. Perdonarse a sí misma también es practicar la obediencia al Señor, y cierra la puerta a Satanás para una futura destrucción. *No podemos* expiar nuestros pecados sujetándolos a la culpabilidad.

¿Qué? ¿Perdonar a Dios?

He aquí más alimento para nuestra reflexión: Alguna gente alberga profundamente enojo y resentimiento en contra de Dios. Puede que no lo expresen en forma verbal, pero está allí.

«Pero Dios nunca peca», dirá usted. «¡Qué blasfemia pensar en perdonar a Dios!»

No, Dios nunca peca, pero algunas veces, después que todo está dicho y hecho, solo Dios podría haber cambiado una situación y haber hecho que las cosas resultarán diferentes, pero no lo hizo. ¿Dónde estaba el Dios que afirma ser nuestro rescatador, nuestro libertador? ¿Por qué permitió tal sufrimiento?

Cuando percibimos una situación de esta manera, nuestra decepción y sufrimiento pueden adentrarse tanto, que siembran una semilla de duda en nuestro espíritu de que Dios después de todo no es completamente bueno. Sin saberlo, empezamos a resentirnos contra Él.

Hace poco, una mujer joven que perdió a un niño por un cáncer, me dijo: «Estoy enojada con Dios y Él lo sabe. Estoy molesta pero aún lo amo».

Mi corazón se desgarró por ella. Me recordó a María y a Marta, las grandes amigas de Jesús que estaban enojadas cuando lo vieron después que perdieron a su hermano, porque Él pudo haber llegado al rescate y no lo hizo.

Esta moderna «María» sabía que solo Dios podía haber salvado a su niño. Inexplicablemente, no lo hizo. El parecido desinterés la dejó dolida y confusa. ¿A quién podía culpar? Solo a Dios. Ella no se resignaba a la forma en que fue tratada por su Amado. Tenía que enfrentar sus propios sentimientos y reevaluar sus conceptos de Dios. Necesitaba hablar de eso con su Amado y perdonarlo por no haber hecho lo que ella le pidió.

¿Cómo perdona usted?

Espero que ahora piense: *Estoy lista para decidirme a perdonar. Quiero ser libre de esta esclavitud.*

¿Cómo puede comenzar? He aquí dos pasos a dar.

1. Reconocer la ofensa y el dolor que le produjo. Usted puede repetir la cinta una y otra vez y sentir que no necesita reconocer lo que le está lastimando. Pero ahora, de una vez por todas, en la presencia de Jesús, exprese la ofensa. Puede ayudarle el hacerlo en voz alta.

Reconocer la ofensa implica aceptar que fue víctima del libre albedrío de otra persona. Ella usó esa libertad para lastimarla a usted con hechos o palabras, o ambas. Hable con su Amado acerca de la ofensa. Dígale cuánto le dolió, le sigue doliendo y atando. Déjelo llorar con usted mientras recuerda el dolor. Deje que la tome en sus brazos. Jesús no considera levemente los actos de otros contra nosotras, sus escogidas. Él no pasa por encima del libre albedrío del ofensor, pero usted necesita saber que Él estaba allí a su lado, todo el tiempo, llorando con usted precediéndola con un plan para su liberación y sanidad. Jesús conoce cada mirada censuradora, cada palabra dañina, cada herida, cada acto de violencia o traición. Usted puede confiar que su Amado va a entender.

2. *Decídase a perdonar, negándose a dejar que sus emociones o angustias se interpongan en el camino.* Puede ser de ayuda recordar la sensación de gozo y aprecio que usted sintió cuando supo que todos sus pecados fueron perdonados.

Regrese mentalmente al Calvario. Contemple el rostro de Jesús. Mire sus manos y pies, perforados por sus pecados. Mire sus ojos compasivos mientras muere en lugar de usted. Imagínelo cargando los pecados de usted en los hombros de Él. Mire la agonía que le causa y el amor con el que la carga. El precio de su perdón está completamente pagado con su gracia y misericordia.

El mérito no es la base por la cual somos perdonadas por Jesús, ni por la que nosotras perdonamos. Ni usted ni yo merecemos tener nuestros pecados pagados. Si esperamos a que la gente merezca nuestro perdón, tendremos que esperar toda una vida. Nuestro Amado no esperó a que mereciéramos su favor y amor. Él lo dio aun cuando éramos inmerecedoras.

Ahora recuerde la parábola de Mateo 18. ¡No sea tan insensata pensando que puede reembolsarle la deuda de sus pecados a Jesús, si solo le diera suficiente tiempo! Usted y yo nunca podremos hacerlo, porque la deuda de nuestros pecados es imposible que nosotras la paguemos. Nunca lo podremos indemnizar, ni siquiera anotarnos un punto.

Por otro lado, el perdón de Dios, es incomprensible. No podemos captarlo en todo su esplendor con nuestras mentes finitas. Pero aun así es real, y podemos avanzar un paso a su gracia con reverencia y gratitud sin mesura. Todo lo que Él pide es que entremos a una vida de perdón y gracia, extendiéndoles a otros la misericordia que nos extendió a nosotras.

Una advertencia: Tenemos la noción incorrecta de que como perdonar es decisión propia, simplemente podemos decidir no hacerlo. Punto. Sí, podemos decidir no perdonar, pero si lo hacemos, debemos estar dispuestas a vivir con la esclavitud y sus efectos. Hay muchas consecuencias, como vimos, pero la más devastadora es la pérdida de nuestra comunión con el Único que nos ama más, nuestro Amado, Jesús. El rencor crea un abismo dentro de nosotras. Nuestra decisión de perdonar une la brecha y nos hace libres. La decisión es suya. ¿Se decidirá a perdonar?

¿Por qué mi «libertad» nunca termina?

«He tratado todos esos patrones bíblicos para libertarme de la esclavitud, Jan», podría decir. «He transitado cada ruta. ¿Sabe cuántas veces he reconocido la necesidad de Dios para mi liberación? ¿Sabe cuán a menudo intento confiar en Él, en medio de circunstancias depresivas? ¿Sabe cuántas veces he tratado de perdonar a quien dañó mi reputación? ¿Sabe cuántas veces he «liberado» mis pecados de las profundidades del océano del perdón de Dios, para solo ver que mi regazo está completamente empapado de su viscosidad?»

Sí, lo sé, porque también he transitado ese camino. Y las razones por las que las cadenas de Satanás nos atan, a pesar de que seguimos los patrones de Dios, son:

1. Su extraña persistencia al traer nuestro pasado a la mente a todo color;
2. Nuestra incapacidad de reconocer sus tácticas;
3. Nuestra falta de agresividad para descartar, rechazar y desairar sus intentos por volvernos a capturar.

En un minuto sabemos mentalmente que somos libres de la esclavitud. Pero al siguiente minuto nos revolcamos una vez más en la desesperación. ¿Cómo podemos enfrentar las acusaciones de Satanás?

He aquí una estrategia práctica diaria que da resultado:

- *Determínese a recibir libertad de su esclavitud.* Una vez que las cuerdas se desatan, niéguese, diariamente, a que las amarren otra vez. Cuando Satanás derrame culpabilidad, empiece a agradecerle al Señor que usted es perdonada y que eso ya se arregló. Deje ir el pensamiento que trae condenación y no lo alimente. Dígale a Satanás con firmeza que «ninguna condenación hay para los que creen en Cristo Jesús» (Romanos 8.1), y ordénele en el nombre de Jesús que la deje en paz.

  Haga esto una y otra vez hasta que empiece a experimentar lo que la Biblia llama la «renovación de la mente» (Romanos 12.2) en esta área. Hágalo hasta que (respecto a esos errores y otros) usted esté caminando libremente en la victoria que Jesús ganó por usted en el Calvario.

- *Pídale a su Amado que señale las formas en que esta esclavitud afecta su vida, su opinión de sí misma, de Él y de otros.* Acuerde permitirle que continúe señalándole las maneras mientras usted sale a su libertad recién conocida. Dispóngase a formar nuevos patrones de pensamiento y nuevas acciones que los acompañen.

- *Espere que esta nueva libertad la cambie, y cuando lo haga, coopere.* Cuando al fin decidí tratar con la esclavitud de los fracasos pasados en mi vida, y puse toda la condenación de Satanás por última vez bajo la sangre de Jesús, le pedí a Jana que me perdonara mis errores como madre. Ya no era una niña, pero creo que fue desde ese día en adelante que nuestra relación tomó un hermoso rumbo. Comencé a relacionarme con ella de manera diferente, como ella conmigo. Hoy es una linda joven cristiana con quien tengo una preciosa amistad.

Casi siempre me pregunto si la mujer que cita Lucas 13 estaba encorvada por todas las acusaciones de Satanás de sus fracasos. Tal vez el espíritu que le incapacitó el cuerpo era el de autocondenación. Cualquiera que fuera, Jesús la libertó, ningún espíritu o atadura puede resistir su nombre y su poder, ini siquiera el que la está molestando a usted!

¡Jesús quiere liberarla por completo!

Satanás tiene otras tantas prisiones en las que le encanta retenernos para que no podamos debatir de ninguna manera todas ellas: prisiones de actitudes como autocompasión y crítica (de nosotras mismas y de otros), prisiones de pecados no confesados, prisiones de temor o preocupación, prisiones de hábitos que arruinan nuestra salud y debilitan paulatinamente nuestro respeto propio.

La historia de Lucas 13 no aclara la clase de cautiverio que afligía a la mujer que Jesús conoció en la sinagoga. Pero la buena noticia es que ¡Él la liberó completamente!

Jesús está ansioso de libertarla a usted también. Pregúntele si hay ataduras en su vida que le impiden tener intimidad con Él. Luego escuche. Recuerde, Él trata de liberarla desde hace mucho tiempo. Él ve lo que esas esclavitudes le hacen a su mente, cuerpo y espíritu. Recuerde, también, que su ternura la trajo a usted a un punto decisivo. ¿Se apropiará usted del poder liberador de Dios?

Niéguese a regresar a sus viejas prisiones. Hable con Jesús ahora mismo. Apóyese en sus brazos amorosos y escúchelo susurrarle a su espíritu: *¡Has estado esclavizada por mucho tiempo. Hija mía, isé libre!*

Nuestro Amado no solo nos libera de la esclavitud, nos consuela y llora con nosotras en los extensos y breves sufrimientos de nuestra vida. Así que en el siguiente capítulo vislumbraremos una faceta raramente mencionada de su personalidad: Su sensibilidad hacia nuestro sufrimiento y dolor.

Oración

Jesús, eres tan bueno que me liberas de toda esclavitud que me aleja de vivir en la victoria que tu pasión compró para mí. Por favor, libérame del juicio, la crítica, el temor y la autocompasión. Muéstrame a la gente que necesito perdonar, y luego dame la gracia para obedecer tu mandato. Ayúdame a recordar que permanezco perdonada por tu gracia y que debo convertirme en perdonadora.

He estado encorvada por mucho tiempo, querido Salvador, y acepto la liberación que me ofreces como tu apreciada hija. Oro, en tu nombre liberador. Amén.

8

Él nos enseña a sentarnos a sus pies

Vivimos en una sociedad «orientada a las obras». Muy a menudo (como mencioné en el capítulo 5), los hombres y las mujeres son atrapados al envolver su autoestima con sus logros. Piense en esto: ¿Cuán a menudo un nuevo logro le pregunta *quién es* usted?

Si su experiencia es como la mía, la respuesta a esa pregunta es: «¡Raras veces, si acaso!» Pero, la pregunta más frecuente es: «¿Qué hace usted?»

Además, nuestra cultura desarrolla popularmente (y algunas veces políticamente correcto) valiosos juicios o determinaciones en cuanto a qué clases de «obras» son mejores, o más importantes, que otras. A menudo las únicas realizaciones que reciben ratificación son las visibles, las tangibles, sobre todo si producen dinero, posición social o poder.

La «obra» que contribuye a la mente, al corazón o al espíritu de una persona o comunidad muy a menudo es pasada por alto o menospreciada.

El énfasis en el orden de las prioridades determinará el efecto. Cristianos y no cristianos de igual manera enseñan y asisten a conferencias, seminarios y talleres, escriben y leen libros y artículos *ad infinitum* a la manera de decidir en lo que debe ser la primera —segunda o tercera— prioridad en la vida de una persona. ¿Será Dios? ¿El trabajo? ¿La familia? ¿El país? ¿Qué pasa con la prioridad número uno?

Al colocar las prioridades, nuestro Amado celestial tiene un programa que sustituye a todos los demás. Según las normas del mundo, ese programa rompe cada «avanza a toda costa», control del tiempo, costo de la eficiencia, regla sicológica y sociológica.

Si queremos desarrollar y mantener una duradera, desafiante, y creciente relación con Jesús, necesitamos encontrar lo que es importante para Él. ¿O qué es lo que Él anhela que sellemos como la *Prioridad número uno* en nuestras vidas cotidianas?

La prioridad número uno de nuestro Amado

La historia de la amistad de Jesús con María, Marta y Lázaro —y en particular, un incidente que tuvo lugar durante una de sus visitas— trae mucha luz a la pregunta de las prioridades. (Véase Lucas 10.38-42 para el relato bíblico.)

Jesús tenía una amistad especial con esta familia. La casa de ellos, en Betania, era un lugar donde Jesús iba a descansar, fraternizar y renovarse. En este particular día Marta lo recibió en su casa y aparentemente comenzó a preparar una comida. María, por otro lado, se sentó a los pies de Jesús y comenzó a escuchar, absorta lo que Él tenía que decir.

Luego Marta llegó molesta porque María no se movía ni una centímetro hacia la cocina para ayudarla.

«Señor», le preguntó audazmente, «¿no te da cuidado que mi hermana me deje servir sola? Dile que me ayude» (Lucas 10.40).

Estoy segura de que Marta pensó que Jesús simplemente no se percató de la situación, que no se daba cuenta que María estaba evadiendo su tarea. Qué impacto debió recibir cuando Jesús no reprendió a su hermana, sino que le dijo a Marta que ella, no María, había tomado la decisión que menos le agradaba a Él.

La Biblia no dice cómo reaccionó Marta. Espero que haya dejado de afanarse con los preparativos y haya ido a sentarse a los pies de Jesús junto con María.

Sin embargo, después en el ministerio de Jesús, encontramos a Marta todavía en la cocina mientras su hermana tomaba otra oportunidad de derrochar su amor en su maravilloso Amigo (véase Juan 12.1-3). Aparentemente el patrón de muchos años de activa autosuficiencia le era difícil de romper.

Exactamente, ¿qué es lo que Jesús estaba tratando de decirle a estas mujeres respecto a su plan, acerca de lo que a Él le agradaba? Y ¿qué mensaje tiene nuestro Amado para nosotras?

El mensaje es este: *Jesús quiere hacernos sentar a sus pies para que lo conozcamos íntimamente como nuestra más alta prioridad en la vida*. Edificar esta relación «una a una» debe ser nuestra disposición, nuestra elección número uno.

Lo que Jesús no dijo

Antes de que nos sumerjamos en las implicaciones de las demandas de nuestro Amado, necesitamos ver lo que Jesús no estaba diciendo en este pasaje. Tres penetrantes conceptos erróneos pudieron impedir que Marta recibiera el énfasis de Él en sus prioridades, y son los que nos lo impiden hoy día. ¿Cuáles son?

Primero que todo, Jesús no dijo en este pasaje que un temperamento humano es mejor que otro, espiritualmente o en una u otra forma. No creo que Jesús vea a las mujeres con una iniciativa personal menos aceptable que las mujeres dóciles y reservadas. Él entiende todas las facetas de todos los tipos de personalidad. (¡Después de todo, las creó!)

He escuchado algunas mujeres declarar: «Nací como Marta y no hay cambio en mí». En términos de tipo de personalidad, pueden estar en lo correcto. Pero Jesús no estaba discutiendo los tipos de personalidad. Él estaba (y está) interesado en lo que nos lleve a conocerle ansiosamente, y con hambre, y que sea eso la prioridad número uno en su vida y en la mía.

Segundo, Jesús no dijo que para María, Marta o nosotras, complacer y servir a los demás son decisiones incorrectas. Él estaba diciendo que quiere que nuestra obra para Él crezca en una pasión y amor que nos llene cuando nos sentemos a sus pies.

Su meta es que lo conozcamos. Si lo hacemos, el caudal de nuestro amor resultará en un servicio efectivo para Él. (Examinaremos este concepto con más profundidad más adelante en este capítulo.)

Tercero, estoy segura de que María no tenía la costumbre de dejar a Marta con todo el trabajo de la casa; Jesús no estaba menospreciando las habilidades ni el interés de Marta ni la importancia de la cooperación. En efecto, la Biblia nos dice, que Jesús frecuentemente probó y disfrutó de la hospitalidad de Marta; y estoy segura de que halagaba su capacidad en ocasiones. Pero en este día, en particular, percibió que ella estaba escogiendo su propio interés por encima del de Él.

María sintió, de alguna manera, que ese día y esa visita eran poco comunes, quizá más que una habitual visita de Jesús. El Maestro quería hablar con ellas. Y María pasó a una maravillosa adoración, vio que estar sentada a sus pies disfrutando de sus palabras y amistad era mucho más importante que el menú de la cena y servir la mesa. Ella estaba experimentando la cercanía que anhelaba, la cercanía que Jesús deseaba tener con ella. Nada debía sustituir la prioridad de esta intimidad.

Un modelo contemporáneo

Hace algunos años Candy, una joven mujer de mi iglesia, me enseñó mucho sobre la importancia de las relaciones en oposición a las obras. Candy y su esposo, que tenía cuatro hijos de su anterior matrimonio, se sintieron guiados por el Señor a adoptar a un niño. En cierto momento, su hogar llegó a tener de dos a cinco niños adoptados de diferentes edades. Ver a toda la familia en la iglesia cada domingo nos hizo a muchos pensar de dónde Candy sacaba tanta fuerza para cuidar a tantos y hacerlo tan bien. Aun con el amor y apoyo de su esposo, sabíamos que esas toneladas de platos, pañales y ropa por lavar eran tareas constantes. Lo cual le dejaba poco tiempo para ella.

Una mañana que fui a visitarla, vi un cuadro que me quedó en la memoria. Ella estaba allí, en el piso, jugando con su cría. El gozo y el afecto llenaban tanto el cuarto que lo que quise hacer fue sentarme, observar y empaparme de aquello.

Luego observé la casa. Botellas de jugo, cajas de cereal, y los platos del desayuno aún sobre la mesa. Montones de ropa limpia lavada sin doblar llenaban una esquina; juguetes y juegos tirados por dondequiera. Pero las risas y el deleite de esos niños me dijeron que las tareas sin hacer no eran la prioridad de Candy por el momento. Ella decidió derramar su amor y afirmación hacia sus pequeños mientras pudiera. Y mientras compartía el amor de Jesús entonando canciones bíblicas y dándose ella misma a los hijos de otros, le estaba enseñando a su propia descendencia una lección de compasión.

Era obvio que Jesús le murmuraba esas cosas, explicándole que estas eran prioritarias a la apariencia de su casa. Por esa razón, Candy había escogido la mejor parte en su vida.

¿Qué significa sentarse a los pies de Jesús?

Muy a menudo somos aturdidas por la atracción del mundo y fallamos al escoger la mejor parte: hacer de la relación íntima con Jesús la prioridad más alta.

«Pero no tengo tiempo para sentarme a sus pies» puede que diga. «María no tenía un plan que cumplir, no tenía esposo ni niños que sepamos nosotras; no tenía actividades en la iglesia o en la comunidad que demandaran su atención. Ella tenía todo el tiempo del mundo.

Nadie tiene tiempo. Nadie. Es un asunto de prioridades. Es una cuestión de voluntad. Debemos proponernos separar un tiempo para nuestro Amado en una actitud de adoración, dándole nuestra completa atención. Escucho orar a algunas mujeres: «Señor, necesito sentarme a tus pies. Dame gracia y fortaleza para hacerlo». ¡Jesús ya lo hizo! Nuestra oración debe ser: «Jesús, moldea mi voluntad para que yo *decida* sentarme a tus pies».

Parte de la madurez en el Señor es aprender a descuidar algunas cosas buenas para hacer las que son mejores. Decidimos cada día cómo invertiremos el tiempo. La intimidad con nuestro Amado debe ser el deseo natural cuando andamos con Él. Una vez que lo elegimos como un acto voluntario y saboreamos su bondad, vamos a querer arreglar nuestras vidas para que vengan al lugar de comunión con regularidad y frecuencia.

Mientras viajamos junto a nuestro Amado, vamos a descubrir que es celoso. Él no quiere que lo incluyamos en nuestro plan; Él quiere que lo hagamos nuestro plan completo, ¡y que pongamos todas las demás cosas alrededor de ese compromiso! La cantidad de tiempo que pasamos a sus pies no es precisamente el punto (aunque nuestras divisiones de tiempo dicen mucho en cuanto a lo que juzgamos importante). Pero Jesús está buscando nuestras prioridades y la calidad de nuestra intimidad con Él. Si todo lo que hacemos nos roba el tiempo que necesitamos para nuestra relación personal con Él y crecer en su amor, necesitamos seleccionar y ver qué podemos poner a un lado en nuestras vidas para colocar la intimidad con nuestro Amado en la parte superior de la lista.

El salmo 37.4 dice: «Deléitate en el Señor, y Él concederá las peticiones de tu corazón». Eso es exactamente lo que es estar sentada a los pies del Señor: ¡Deleitarse en Él! Ganamos aun un significado más rico del texto cuando entendemos el hebreo. La palabra *deleite* viene del hebreo *anag*, lo cual se traduce como «dócil» o «suelto». Cuando nos relajamos y disfrutamos a Jesús, en otras palabras, nuestra relación con Él es flexible y libre, no es una carga, sino una delicia.

Ahora veamos la palabra hebrea para *deseos, ouv,* que significa «unión», «cercanía por asociación» o su completo significado es «integridad». El salmista descubrió que María aprendió de Jesús: que si usted se sienta a los pies de Dios y se relaja en su amor, será dócil y capaz de absorber y exteriorizar nuevas verdades. Y cuando lo haga, tendrá la unión que desea, la cercanía que anhela. Conocerá una relación integral.

¡Qué emocionante mensaje de su Amado!

¿Le estaba dando Jesús a María permiso para que fuera perezosa y simplemente se sentara a sus pies disfrutándolo todo el tiempo? ¡Por supuesto que no! Él le estaba mostrando a Marta que ella había confundido el propósito de su visita. Si ella hubiera discernido la importancia del momento, habría pasado por alto lo «bueno» (la apetecida comida), y preparado un alimento sencillo, para recibir lo «mejor»: la oportunidad de sentarse a sus pies. Jesús sabía que Él y Marta necesitaban relacionarse íntimamente ese día más de lo que requerían una comida elegante o una frenética actividad.

También, nosotras, debemos tener cuidado de no perder el objetivo de esta maravillosa verdad espiritual de libertad. Como mi impulsiva amiga misionera Fran, a quien su horario de vacaciones nos hubiera puesto a la mayoría de nosotras en el hospital. Muchas mujeres piensan que sentarse a los pies de Jesús es un tiempo infructuoso. Creen que el mismo Dios debe estar dándole latigazos y requiriéndoles que produzcan más, más, más para su reino. Pero sentarse a los pies de Jesús es productivo en una manera diferente, es mucho más que pedir y obtener respuestas. Es aprovechar nuestro gran privilegio de conocerlo. Es captar la majestuosidad de su naturaleza gloriosa. Es ser amada y correspondida a ese amor. Es discernir su voluntad con obediencia gozosa. Es adorar en el plano más alto.

¿Sentarse a los pies de Jesús suena como una tarea imposible? ¿Es algo superior a nuestra capacidad? ¿Parece muy elevado, muy espiritual para simples seres humanos como usted y yo?

Jesús nunca nos habría pedido algo sin ofrecernos la ayuda por medio del Espíritu Santo para hacerlo. Continúe leyendo. Antes de que este capítulo concluya, usted va a encontrar una sección con prácticas y poderosas ideas para implementar la preciosa petición de nuestro Amado. Aunque, primeramente, Jesús quiere que nos percatemos de cuán productivo puede ser sentarse a sus pies.

¿Cuáles son los beneficios de sentarse a sus pies?

Mientras intento sentarme a los pies de mi Amado, que es la mayor prioridad en mi vida, hallo por lo menos cinco beneficios fundamentales que usted y yo ganamos deleitándonos en la adoración y conversación (lo cual incluye hablar y escuchar) con Él.

1. Somos uno con Jesús

Nuestra disposición de sentarnos a los pies de Jesús es el primer paso hacia la unidad con Él, eso que tan preciosamente nos ofrece. Jesús quiere que estemos ligadas a Él como Él lo está con el Padre. Recuerde su declaración: «Yo y el Padre somos uno» (Juan 10.30). La comunión que Él muestra con su Padre fue priorizada por sobre todas las cosas. Fue antes que dormir, que comer, incluso antes que las circunstancias. Como resultado de ello, la vida de Jesús siempre glorificó al Padre, y las obras que hizo fluyeron en una natural sincronización con la voluntad del Padre. Unidad. Uniformidad. «Para que todos sean uno; como tú, oh Padre, en mí, y yo en ti, que también ellos sean uno en nosotros, para que el mundo crea que tú me enviaste» (Juan 17.21).

Así como en el matrimonio, la unidad tiene el doble propósito de darles a los compañeros gozo y fruto (determinada armonía, hijos, etc.) de la unión, así la unidad con Jesús le da gozo a Él, a nosotras y, según este versículo, el fruto de la creencia por parte de los que nos observan.

2. Recibimos más de su amor

Sentarnos a los pies de Jesús amplía nuestra capacidad de recibir su amor. Mientras más nos sentamos a sus pies, más aprendemos a confiar que su amor motiva cada una de sus palabras y acciones al tocar nuestras vidas. Y mientras más nos sentamos a sus pies, más absorbemos la verdad de que Dios es amor.

Confiar en la motivación de su amor es crucial ya que a menudo en ese contexto Él enfoca las flaquezas o debilidades de nuestras vidas y caracteres. Si nuestro nivel de intimidad con Él es firme y estamos seguras de su aceptación, no seremos abrumadas o aturdidas por su amorosa corrección sino que será bien recibida. Conoceremos como hijas apreciadas que Él no nos está condenando como personas (solo Satanás condena), sino dándonos convicción de la conducta que nos hace mejorar nuestra unidad con Él.

La gente que en verdad se ama entre sí, tiene la libertad de ser tiernamente sincera. Jesús anhela una relación de confianza con nosotras que permita su benevolencia. Mientras más cerca estemos usted y yo de Él, mejor podrá revelarnos la manera en que quiere que seamos como Él.

3. Él extiende su corazón compasivo

Al sentarnos a sus pies Jesús nos ayuda a participar de su corazón. Recordemos que el profeta Jonás, en su servicio a Dios, nunca manisfestó el corazón de Dios. Después de poner resistencia, al fin obedeció a Dios y fue a la pecaminosa ciudad de Nínive para exhortar a sus habitantes a que se arrepintieran y se volvieran a Dios. Pero tuvo que ser echado del barco en el que viajaba, tragado por un gran pez, y luego ser vomitado en las costas, para que Jonás se rindiera a la dirección de Dios. Incluso después que los de Nínive escucharon su mensaje y se arrepintieron, Jonás se resintió en las afueras de la ciudad. Él nunca manifestó el compasivo corazón de Dios para salvar a la gente del juicio. Aparentemente pensó que eran indignos del perdón de Dios.

Jonás obedeció a Dios. Cumplió su tarea. Pero su corazón estaba frío, diferente al cálido y misericordioso corazón del Dios a quien servía.

Del hermano mayor del hijo pródigo, nos dice la historia en Lucas 15 que tenía la misma enfermedad de insensibilidad. Se enfureció cuando se dio cuenta de que su padre le ofreció amor y perdón a su hermano menor, que se había gastado toda su parte de la herencia de la familia y había regresado sin un centavo. El hermano mayor le sirvió a su padre fielmente, pero nunca tomó tiempo para conocer a su padre en amor e intimidad. Si lo hubiera hecho, habría participado del corazón compasivo y misericordioso del anciano y habría visto las cosas desde esa perspectiva.

Jesús sabe que si nos sentamos a sus pies, recibimos su perdón, su gracia y su aceptación, aprenderemos a ver nuestro mundo a través de su perspectiva. Tendremos su corazón compasivo con los que nos rodean.

4. Adoptamos su plan

Cuando nos sentamos a los pies de Jesús, adoptamos su plan, no el nuestro. Es importante que estemos seguras de que nuestras obras y servicios se originen en el plan de nuestro Amado. De otra manera se convierten en medios para nuestras propias necesidades, no en las genuinas necesidades de otros.

Marta cayó en esta trampa. La necesidad de Jesús, el día de su visita, no era para su bien intencionado banquete. Para afrontar el Calvario, necesitaba su amor y atención. Él tenía cosas que conversar con ella y con su hermana.

Marta falló al no ver la necesidad de Él, porque no estaba sentada a sus pies. Por lo tanto, se ocupó de cumplir con sus propias necesidades de perfección y satisfacción. Luego, sintiéndose enojada y menospreciada, corrió a Jesús quejándose de María. En verdad ella quería la atención de Él, el aprecio de Él.

Algunas veces nosotras, también queremos servir a Jesús, y a otros, en nuestros propios términos. Insensibles a su plan, nos empleamos como sustitutas en lo que nos hace sentir significativas, luego pensamos por qué todo el esfuerzo se convierte en cenizas de amargura en nuestras manos.

En nuestro hogar, nos reímos por el hecho de que no tengo reputación de buena cocinera. Siempre le digo a la gente que tengo tres platos principales que cocino razonablemente bien, así que si nos visitan por más de tres días, ¡estaré repitiendo el menú en el cuarto día! Puede usted imaginarse, que la planificación y preparación de la comida fue un verdadero reto para mí cuando tenía tres hijos por cuidar. Me las arreglé para mantenernos relativamente bien alimentados, pero a veces pienso que a pesar de mi comida, nuestros hijos llegaron a adultos.

Cuando crecieron, pasó algo raro. Debido a que sus recientes suegros eran renombrados por sus prácticas culinarias yo comencé a sentirme insegura de mi habilidad en la cocina. De modo que cada vez que venían a casa para estar con nosotros durante las vacaciones, sentía que debía hacer un tremendo esfuerzo para preparar platos «especiales» y hacer una gran propaganda para deleitarlos y asombrarlos.

El problema era que, mientras estaba atrapada en la cocina tratando de hacer una exquisita cena, ellos gritaban en la casa jugando, viendo antiguas fotos y particularmente disfrutándose uno al otro. Mientras tanto, el resentimiento y la autocompasión empezaban a formarse en mi corazón. Mis «buenas obras» estaban produciendo una acción a la defensiva ¡y me sentía como Marta!

Mi tierno Amado me mostró que yo estaba tratando de suplir mis propias necesidades, para probarme a mí misma y para competir con mis hijos «otros patrones». Pero necesitaban que yo estuviera disponible para relacionarme con ellos, para unirme en su compañerismo. Así que me arrepentí de mi propio plan y regresé al de Dios. ¡Ahora estamos de regreso en las tres buenas comidas que sé preparar!

Aun nuestras actividades de la iglesia y ministerios personales pueden desviarse del plan de Dios y convertirse en medios para nuestras propias necesidades. He conversado con muchas mujeres que han descuidado el sentarse a los pies de Jesús debido a sus itinerarios tan llenos de «obras» para Él. Cuando ellas toman tiempo para estar con Él fuera de sus tareas o hábitos, no sienten ninguna cercanía, ninguna intimidad.

No podemos llenar nuestras copas con un centímetro de su plenitud y luego esperar que fluya en un servicio a Él. ¡Una copa que contiene solo un poquito de agua nunca va a derramarse!

5. Dejamos que brille su luz

Cuando nos sentamos a los pies de Jesús, su luz brillará a través de todo lo que hagamos. Este beneficio sigue los talones del beneficio anterior con fuerza. Jesús dice en Mateo 5.16: «Así alumbre vuestra luz delante de los hombres, para que vean vuestras buenas obras, y glorifiquen a vuestro Padre que está en los cielos». ¿Quiere decir Él que la gente está solamente para ver nuestras buenas obras? No lo creo. Pienso que lo que Jesús dice es que:

1. Él nos dirá qué obras son exclusivamente nuestras para que las hagamos.
2. Cuando las hagamos, la gente va a ver la luz de Jesús en ellas.

La gente impía hace buenas obras todos los días, pero no están bañados en el Espíritu de nuestro Salvador. La luz de Jesús en nosotras es para que brille delante de cada una de nuestras buenas obras, pero esto solo puede pasar cuando nuestras obras están saturadas por su Espíritu al sentarnos a sus pies. Una buena obra en sí no es suficiente; es la luz de Jesús *en* la buena obra lo que le da el valor que dura de por vida.

Sharon, una exitosa mujer de negocios, recibió a Jesús a una temprana edad y comenzó a asistir a la Iglesia. Pero se apartó y durante este tiempo que se mantuvo apartada se casó. Puesto que ella y su esposo venían de anteriores fracasos matrimoniales, decidieron regresar a la iglesia con la esperanza de establecer esta nueva unión.

¡Dios es fiel! Sharon experimentó una maravillosa renovación en Jesús, y su esposo fue a renovar su fe un domingo mientras yo predicaba. Qué emoción fue verles crecer; lo hicieron a pasos agigantados, planteando muchas preguntas y tomando las enseñanzas ansiosamente en nuestro estudio bíblico a mediados de semana.

Todos en el trabajo de Sharon empezaron a ver una notable diferencia en la manera en que hablaba y actuaba. Las buenas obras a las que Jesús la había llamado en ese tiempo incluían un amor prodigioso a la gente sin amor que conoció en el centro de la ciudad. Un miércoles por la noche, llegó a la iglesia con alguien a quien conoció que necesitaba de la bondad de Jesús. Un hombre que particularmente se me quedó en la memoria. Sharon tomó a Bill bajo su ala, llevándolo con frecuencia a nuestro estudio bíblico. Él era un hombre mayor y tenía una pierna inválida, y por lo general usaba la misma ropa desarreglada. Después el esposo de Sharon me dijo que, además de escuchar a Bill con interés y presentarlo felizmente a otra gente de nuestro círculo, Sharon a menudo le lavaba sus camisas y le preparaba comida en casa.

Aunque no fue solo la bondad de Sharon lo que verdaderamente trajo a Bill a la fe salvadora en Jesús. Fue el hecho de que ella estaba sentada a los pies de Jesús regularmente, escuchándolo cuando Él le murmuraba lo mucho que amaba a Bill y quería que ella también le mostrara amor. Así que las buenas obras de Sharon fueron empapadas y ungidas por el Espíritu Santo, y el Amado de Sharon brilló a través de cada una de ellas.

¿Por qué es tan difícil sentarnos a los pies de Jesús?

He mencionado solo unos pocos beneficios de sentarse a los pies de Jesús, pero aun así, ¿esperaría que los cristianos se agrupen para abrazar tal intimidad con su Amado? Muchas mujeres (y, estoy segura que hombres también) tienen temor de lo que la intimidad personal con Jesús pueda ser en sus vidas. Hallo dos temores específicos a la intimidad con Jesús que son los más comunes:

1. El temor a lo que Jesús pueda pedirnos. Marta pudo haber temido que se le pidiera que hiciera algo para lo cual no se sentía competente. A ella le gustaba estar en la retaguardia, tras las escenas. Y verdaderamente Jesús necesita gente que también quiera estar al frente. Pero, ¿estaría dispuesta a moverse de su comodidad para agradar a su Amado?

Cuando confiamos en nuestro Amado, debemos estar dispuestas a ser vulnerables a Él y hacer cualquier trabajo nuevo que nos pida. Él la anima a que avance un paso en un territorio desconocido, porque quiere que su relación con Él sea más profunda. Pero mientras su Espíritu le acerca más y más, usted se dará cuenta de que nunca temerá que Él le pida hacer algo por su propia cuenta. Siempre la equipará para la tarea. «Fiel es el

que os llama, el cual también lo hará» (1 Tesalonicenses 5.24).
Si Jesús le pide que haga algo para su gloria, que le amenaza
momentáneamente, siga escuchando y confiando. Él va delante de usted, Él ha estado allí y estará con usted mientras le obedezca.

2. *El temor a no cumplir con todas sus tareas.* Otro temor
común de sentarse a los pies de Jesús es que pasar mucho tiempo allí nos impide hacer todo lo que sabemos que debemos hacer. Es difícil aceptar la verdad de que no hay servicio más grande que le podamos rendir a nuestro Amado que edificar nuestra
relación con Él.

«Pero Jan» dirá, «¿no recuerda los mandatos de la Palabra:
ir, decir, hacer?»

Por supuesto que lo recuerdo. Pero todo lo que hagamos
debe ser producto de nuestra íntima relación con Jesús. Recuerde, nuestro servicio debe ser el canal de lo que escuchamos
y aprendemos en nuestra cercana unión con Él, o no lo glorificará ni durará.

Dos versículos familiares hablan de este asunto:

> Porque por gracia sois salvos por medio de la fe; y esto no de
> vosotros, pues es un don de Dios; no por obras para que nadie
> se gloríe.
>
> Efesios 2.8,9

¡Qué maravilloso es saber que no podemos hacer nada
para merecer nuestra salvación! Es un regalo de Dios para todo
aquel que confía en Cristo.

El versículo 10 aclara lo que Dios espera una vez que recibamos su precioso regalo del perdón y la vida eterna.

> Porque somos hechura suya, creados en Cristo Jesús para buenas obras, las cuales Dios preparó de antemano para que anduviésemos en ella.

La vida nueva en nosotras es la hechura creada de Dios
mismo. Él no nos remendó nuestra vida antigua; nos da una

nueva (véase Corintios 5.17), y escogió ciertas obras para que las hiciéramos antes de que llegásemos a conocerlo como Salvador. Las diseñó especialmente para nosotras, pero no sabremos cuáles son si fallamos al estar sentadas a sus pies. No podemos separar lo de sentarnos a sus pies de descubrir esas obras, y las descubriremos solo en nuestra relación con Él, al escuchar y absorber, la silenciosa voz de su Espíritu. A sus pies aprendemos a saber quiénes somos realmente y que es lo que planea que hagamos para darle la gloria.

Mientras Marta se apresuraba a preparar algo para que comiera su huésped, María estaba expresándole su amor y escuchando su voz. No sabemos todo lo que Jesús le dijo ese día, pero sabemos que después ella hizo algo por Él que lo bendijo y la honro. Quizá fue en la intimidad de esos momentos a sus pies que Jesús le dijo de su inminente muerte. Quizá, le expresó a esa mujer de Betania la profunda ansiedad de su Espíritu por todo lo que iba a ocurrir. Los apóstoles se perdieron de esta íntima porción en el huerto de Getsemaní porque no pudieron mantenerse despiertos para vigilar con Jesús y participar en su dura prueba.

María, por otra parte, de alguna manera le dio a conocer su carga porque se sentó a sus pies. Sabemos esto porque fue ella la que llegó a Jesús antes de que Él fuera a la cruz, y derramó el costoso perfume de nardo puro sobre su cabeza (véanse Juan 12.1-8; Marcos 14.3-9). Algunos allí pensaron que ella malgastó ese costoso bálsamo, pero Jesús salió a defenderla. Le dijo a la multitud que ella no solo había hecho una buena obra, si no que «Esta ha hecho lo que podía, porque se ha anticipado a ungir mi cuerpo para la sepultura» (Marcos 14.8).

Tal vez la generosa obra de María brotó de lo que aprendió mientras estaba sentada a los pies de Jesús. ¡Quizás fue una de las buenas obras ordenadas para María por el mismo Señor! Aparte de su profunda comunión, María observó una necesidad, y en su amor por Jesús, la suplió.

Por eso, sentarse a los pies de Jesús debe ser todo para nosotras. Nuestras buenas obras vienen como resultado de nuestra intimidad, y serán solo las que Él quiera que hagamos.

Jesús pagó el precio por nuestra intimidad

Pocas actividades meritorias no cuestan nada. Así como disfrutamos profundamente la amistad con otro ser humano al costo de dar nuestro tiempo y a nosotras mismas, gozar la intimidad con Jesús cuesta tiempo, determinación y hasta entrega de cosas buenas para recibir lo mejor. Debemos decidirnos si queremos pagar el precio.

Es valioso recordar lo que le costó a Jesús darnos la oportunidad de esta intimidad. Antes que Él muriera en la cruz, los seres humanos no tenían acceso a Dios como hoy. En los tiempos del Antiguo Testamento, solo el sumo sacerdote podía entrar al lugar Santísimo, el sitio del templo en el que residía la presencia de Dios y donde el tesoro del Arca del Pacto y la misericordia estaban colocados. Una vez al año el sumo sacerdote entraba a ese lugar, separado por un velo de arriba a abajo, para hacer la expiación de sus propios pecados y los del pueblo.

Llegar a la presencia del Dios vivo era una experiencia maravillosa en la que cada sacerdote tenía una túnica con una campana amarrada a su alrededor de modo que la gente, desde afuera, pudiera escuchar sus movimientos en el interior. Si Dios no aceptaba el sacrificio, el sacerdote moría; y solo se le podía sacar de la cámara con una cuerda, para que nadie más corriera el riesgo de desagradar a Dios entrando al lugar Santísimo. Acercarse a Dios estaba fuera de cuestionamiento.

Este sistema continuó vigente hasta que Jesús vino y cumplió todos los requisitos que exigía la santidad de Dios. Cuando derramó su sangre en la cruz por nuestros pecados y los del mundo, y exhaló su último suspiro, nuestra relación con el Dios omnipotente cambió para siempre. La Biblia dice que en ese mismo momento, «el velo del templo se rasgó en dos, de arriba abajo» (Marcos 15.38). De esta dramática manera Dios demostró su placer quitando el pecado que estaba entre nosotras y Él, y nos dijo que a partir de ese momento podíamos llegar valientemente, con confianza, y seguras de su amor y aceptación, ante su presencia.

Sentarse a los pies de Jesús no es una experiencia casual. Es poder llegar confiadamente, con reverencia y llenas de admiración a entablar intimidad con nuestro Amado que murió por nosotras. En base a la redención que ganó por nosotras en el Calvario, podemos llegar «confiadamente al trono de la gracia, para alcanzar misericordia y hallar gracia para el oportuno socorro» (Hebreos 4.16).

¡Qué costoso es no sentarnos a los pies de Jesús! No podemos perder el contacto con su ternura y su presencia personal en nuestras vidas. El precio que pagamos por estar con Él nunca podrá medirse con el que pagó para darnos esta nueva y maravillosa libertad.

Cómo sentarse a los pies de Jesús

Una de las últimas cosas que hablé con mi amiga Fran cuando almorzamos juntas, durante sus vacaciones, fue cómo cultivar la práctica de sentarnos a los pies de Jesús.

«¿Cómo podemos romper viejos hábitos y patrones?» me preguntó. «¿Cómo sabemos con certeza las cosas que Jesús planeó que hiciéramos?»

Puesto que las preguntas de Fran quizás sean las suyas, veamos tres consejos que pueden hacer que el sentarnos a los pies de Jesús sea una realidad en su vida y la mía.

1. Formúlese cuatro preguntas

Hay cuatro preguntas que deberíamos plantearnos a nosotras mismas:

1. ¿Considera Jesús mi relación con Él cálida, amorosa e íntima?
2. ¿Qué cambiaría Él en nuestra relación?
3. ¿Es evidente para otros mi intimidad con Jesús?
4. ¿Son las cosas que hago para Él resultado de lo que escucho en nuestra cercanía?

Es importante tomarse un tiempo para hacerle a Jesús estas mismas preguntas. Escriba cualquier cosa que perciba de Él cuando lea su Palabra y escuche a su Espíritu Santo.

2. Aprenda a aguardar en su presencia

Aguardar es una palabra antigua, ya no se usa mucho. Significa esperar o tardar. Debemos tardar para escuchar a Jesús y abrir nuestros corazones para contemplarlo. Pero no siempre podemos hacerlo por el clamor de nuestras vidas ocupadas. Somos distraídas con facilidad, y la misma naturaleza de lo que hacemos por su reino puede llevarnos a un lugar de agotamiento y desgaste.

Jesús ve nuestros corazones y observa nuestra pasión sincera, pero nos llama a que regresemos continuamente a la quietud de su voz.

El profeta Elías es un maravilloso ejemplo de alguien que casi olvidó aguardar. El primer libro de Reyes, capítulo 18, nos cuenta la historia de uno de los grandiosos momentos espirituales en la vida de Elías, cuando convocó a una confrontación decisiva entre los falsos profetas de Baal, a quienes adoraba el rey Acab y su esposa, Jezabel, y el Dios de Abraham, Isaac y Jacob.

Elías les permitió a los falsos profetas de Baal, reunidos en el Monte Carmelo, que ofrecieran un sacrificio y llamaran a sus dioses para que lo consumieran con el fuego. Pasaron toda la mañana gritando y cortándose ellos mismos en su intento por llamar la atención de Baal en vano. Elías se mofaba y burlaba de ellos, sugiriéndoles que sus dioses podían estar durmiendo u ocupados en otra cosa.

Luego le llegó el turno a Elías. Este edificó un altar, lo cubrió con madera y le hizo una zanja alrededor, tan honda como para que cupieran alrededor de treinta litros de agua. Partió un buey para el sacrificio y derramó bastante agua sobre el altar, la madera y el sacrificio, tanta que la zanja se llenó también. Luego aquel siervo fiel clamó al único y verdadero Dios de Israel, que envió fuego del cielo. Este lamió toda el agua y consumió el sacrificio en una victoria emocionante para el único y verdadero Dios.

Viéndolo la gente gritaba asombrada de que el Señor era en realidad Dios. Todos los profetas de Baal murieron, y Elías dio un paso más de confianza: declaró que una tormenta inundaría pronto a la nación la cual era azotada por una sequía que duraba tres años y medio.

Dios respondió una vez más y la lluvia llegó. Elías huyó al valle de Jezreel sabiendo que el rey Acab y la reina estaban furiosos con él. Con seguridad, Jezabel envió a un mensajero para que le dijera a Elías que lo iba a matar. Y a este punto Elías se derrumbó en cuerpo, mente y espíritu.

Piense por lo que debió pasar. Salió al frente convocando a una confrontación decisiva con los profetas de Baal. El resultado fue diferente, Elías pudo haber muerto en el Monte Carmelo. Tampoco pudo haber conocido el resultado con anterioridad, ya que no tenía el Antiguo Testamento para que leyera la historia. Pero confió en Dios en una situación bastante tensa, tensión que la Biblia dice que duró por horas. Su cuerpo y sus emociones probablemente se sintieron como si hubieran pasado por una máquina de exprimir. Cuando llegó el momento en que todo pasó, se debe haber sentido agobiado.

(No importa cuán fuerte sea nuestra pasión por Jesús, o cuán celosas nuestras obras, nosotras también somos las primeras candidatas a la depresión y la ansiedad cuando nos agotamos física y emocionalmente. El diablo espera con paciencia que lleguemos a este punto y luego se nos abalanza, sabiendo lo vulnerable que somos.)

Lo que pasó luego es uno de los relatos más tiernos del amor y cuidado de Dios que se encuentran en las Escrituras. Un ángel tocó a Elías y le dijo: «Levántate, come» (1 Reyes 19.5). Él miró y encontró una torta cocida todavía caliente y una vasija de agua. Comió y bebió. Luego el ángel regresó diciéndole que comiera más porque le esperaba un viaje. Elías obedeció y le dijo a Dios ásperamente todos sus temores, decepciones, autocompasión y su agobio.

Con esta unión Dios pudo hacer muchas cosas. Pudo haber dejado solo a Elías hasta que se sintiera mejor. Pudo haber tronado los dedos y decirle a Elías que a los que son de Él no se les permite sentirse desanimados (sin mencionar el suicidio), así que debía arreglárselas y seguir adelante. Pero no hizo nada de eso.

¡Nadie entiende nuestra humanidad como Dios! Él ministró al cuerpo de Elías, y ahora lo haría con su espíritu.

«Sal fuera y ponte en el monte delante de Jehová» le dijo Dios a Elías (v. 11). Elías obedeció. Primero Dios envió un viento tan fuerte que quebrantó los montes. «Pero Jehová no estaba en el viento» (v. 11). Luego Dios permitió un terremoto que sacudió la tierra, pero tampoco estaba en el terremoto. Finalmente envió «un silbo apacible y delicado» (v. 12), y en esa quietud Elías escuchó la voz de Dios. Lo alcanzó la quietud del Espíritu.

¡Qué gloriosa y preciosa es la quietud de Dios! No existe sustituto para ella ni hay desvíos para llegar a ella. Debemos alejarnos del trabajo, las tareas o lo que nos desvíe la atención para que esa tierna brisa de su Espíritu pueda renovarnos, refrescarnos e instruirnos mientras nos sentamos a los pies de Jesús. Debemos aguardar para que esa desesperación pueda ser reemplazada por esperanza.

3. Desarrolle sus propias maneras para disfrutar su presencia

Hay muchas formas de entrar a la presencia de Dios. No tengo por qué desarrollar una fórmula, como diferentes métodos que trabajan para distinta gente con diversas personalidades.

Me gustaría tomar una silla y ponerla frente a donde estoy sentada. Siento a Jesús en la otra silla y lo contemplo en mi corazón. Le hablo, y luego escucho.

¿Qué le gustaría decirle a Jesús si estuviera en una silla frente a usted en este momento? Una mujer me dijo: «¡No diría nada. Solo quiero que me acerque a Él, porque estoy muy cansada y agotada!»

¿Es eso lo que usted necesita? Deje que Él la acerque. Mírelo. ¿Qué es lo que Él ve en su corazón y en sus ojos? Dígaselo y escuche sus palabras de ánimo.

Para algunas mujeres, el ambiente al aire libre es un buen lugar para sentarse a los pies de Jesús. A ellas les encanta el aire fresco, las brisas y la vista de su creación. Si le parece, tal vez le gustaría caminar con Él, tomada de la mano de su Amado, riéndose y disfrutando de su compañía.

Una joven madre me dijo que era difícil encontrar un lugar para estar con Jesús en el que sus hijos no la siguieran. «El baño es mi único lugar de desahogo» me dijo sonriendo, «¡pero Jesús y yo pasamos tiempos maravillosos allí!»

Quizá le ayude si mantiene un cuaderno especial de notas para registrar lo que cree que Jesús le está diciendo durante esos momentos a sus pies. Aguarde. Deje que le hable por medio de su Palabra y su Espíritu. Deje que la ayude a zafarse de esas cosas menos importantes, y decida en cuanto a las obras que Él planea para usted.

Jesús es un Amado fiel. La ayudará a perseverar en los momentos a sus pies. Él la motiva a que se anticipe a esos momentos en su presencia. Si está dispuesta, la ayudará en su hambre y su sed de Él. Aguarde hasta que sepa que el tiempo ha llegado para que se pare y se involucre en sus negocios.

¿Escogerá la mejor parte?

Jesús le dijo algo a Marta, cuando su hermana estaba sentada a sus pies que vale la pena repetir: «María ha escogido la buena parte, la cual no le será quitada» (Lucas 10.42).

Nunca debemos olvidar que la relación que edificamos con nuestro Amado ahora, va con nosotras a la eternidad. Sentarnos a sus pies tiene un valor eterno.

Debemos hacer mucho por necesidad, aunque al fin eso morirá, pero siempre debemos pesar lo eterno con lo temporal. Dudo que cuando esté por morir lamentaré no poder hacer una tarea más o no asistir a un servicio más. Pero no quiero lamentar haber pasado muy poco tiempo a los pies de Jesús.

Nuestra nueva vida en el Espíritu con nuestro Amado, Jesús, debe ser una progresiva aventura romántica. Sentarnos a los pies de Jesús también hará eso. Lo que nos diga que hagamos cuando lo escuchemos, podremos hacerlo con confianza y gozo, sintiendo su placer. ¿Por qué? Porque estar con Él nos dará el correcto enfoque y las prioridades.

Oración

Cuando estoy aturdida con mi lista «de obras», querido Jesús, trata de alcanzarme para que regrese a tus amorosos pies. Sé que allí estaré llena de nuevo con tu Santo Espíritu y seré capaz de entender los profundos secretos que quieres expresarme.

No quiero servirte, Señor, por rituales, hábitos o tareas vacías, sino como una extensión de nuestra amorosa unión. ¿A quién estoy tratando de agradar con mi diligencia? ¿A quién trato de impresionar? Deseo más que nada estar a tus pies en atenta adoración.

Acércame más, querido Amado. Yo voy, yo voy. Amén.

9

Él llora con nosotras

Una de mis esperanzas para cada ser humano es que disfrute la bendición de un buen amigo verdadero. Quiero decir la clase de amigo que conozca todos sus defectos y que la ame igual; que la escuche cuando usted necesita hablar, y que se siente y escuche cuando no haya palabras; que se goce cuando usted se goza y que llore cuando llora (véase Romanos 12.15).

Nancy era de esa clase de amigas. Teníamos muchas cosas en común, tanto que las dos teníamos tres hijos con casi las mismas edades. Pasábamos mucho tiempo juntas en juegos de ligas infantiles cuando nuestros varones estaban pequeños, y con nuestras familias juntas comíamos panqueques en nuestro restaurante favorito cada domingo después del servicio de la iglesia. Mientras nos renovamos en el Señor, nuestra amistad se hizo más estrecha cuando comenzamos a orar juntas y a hablar de los altibajos en la crianza de nuestros hijos.

Fue Nancy quien estuvo conmigo en el hospital hora tras hora cuando nuestro hijo Andrew pasó por la más espantosa y severa prueba a su corta edad (una operación grave de cáncer). Una día Nancy me llevó fuera del cuarto de Andy en el hospital.

«Jan» me dijo, su rostro estaba mojado por las lágrimas, «¡yo no podría soportar ver a mi hijo sufrir así!»

Le dije que Dios me había dado la gracia suficiente que necesitaba, como un anestésico espiritual.

Dios sanó a Andrew milagrosamente y Nancy celebró con nosotros. Pero yo nunca olvidaré el consuelo que ella me ofreció cuando lloró conmigo en ese difícil momento.

Hace años usted pudo haberse ganado una estrella de oro en la Escuela Dominical por haber memorizado el versículo más pequeño de la Biblia: «Jesús lloró» (Juan 11.35). La Biblia menciona solamente otra vez a Jesús llorando [en Lucas 19.41], en donde se nos dice que Él lloró sobre Jerusalén y del rechazo de esta hacia Él.

Esto simbolizó el rechazo de todo el pueblo escogido de Dios (los israelitas) del pasado y del presente, provocándole a Jesús un profundo dolor.

Me asombra y me llena de admiración pensar que el gran Creador del universo llora, siente angustia, sufre así como sufren sus criaturas. La tierna manifestación de la encarnación de Jesús es acentuada cuando entendemos y aceptamos un hecho maravilloso: Nuestro Amado, Jesús, llora por nosotras y con nosotras cuando experimentamos los dolores y sufrimientos de la vida.

En el capítulo anterior mencioné los temores específicos que podemos tener sobre la intimidad con nuestro Amado. Él ve nuestro miedo. Él se da cuenta de nuestros temores al rechazo, nuestras inseguridades, nuestros sentimientos de indignidad. Y Él conoce las heridas impuestas en nosotras por gente que nos ha fallado.

Pero si nos retiramos de la intimidad que Él ofrece, vamos a perder el consuelo de su llanto. Nuestro Amado es paciente mientras estamos aprendiendo a confiar en Él y en los diversas dimensiones más profundas de nuestra relación con Él. Él no solamente va adelante de nosotras con triunfo y gozo. Él no solamente nos da nombres nuevos, genuina autoestima, libertad de la esclavitud y prioridades enfocadas para tranquilizar nuestro punto doloroso. Él también llora con nosotras cuando afrontamos el viaje.

El sufrimiento viene de Betania

Ya hemos notado la especial relación que Jesús tenía con María, Marta y Lázaro de Betania. Así como las influencias recíprocas con las hermanas nos muestra la importancia de permitirle que nos ayude a escoger sentarnos a sus pies, así otro incidente en su amistad con ellos demuestra como nuestro Amado llora cuando nosotras lloramos.

El incidente comenzó cuando Lázaro, el hermano de María y Marta, cayó enfermo en casa. Parece que casi inmediatamente las hermanas le enviaron un mensaje a Jesús: «Señor ... él que amas está enfermo» (Juan 11.3). Su relación era muy cercana, muy familiar, que aparentemente ellas no necesitaron decir, «Por favor ven». Ellas simplemente pensaron que Él iba a venir.

Pero cuando Jesús escuchó la noticia, Él no tiró todo y corrió al lado de Lázaro. La Biblia nos cuenta esto en una forma curiosa. Primero leemos que Jesús recibió el mensaje (véase v.4); luego leemos que Él amaba a María, Marta y a Lázaro (véase v. 5); y luego:

> Cuando oyó, pues, que estaba enfermo, se quedó dos días más en el lugar donde estaba.
>
> (v. 6)

¡Parece una reacción extraña a la real, urgente y angustiosa noticia de sus amigos que eran de su círculo interno! ¿Puede usted imaginarse por lo que pasaron María y Marta cuando esperaban al lado de Lázaro? Cuando ellas enviaron el primer mensaje al Señor sobre la enfermedad de Lázaro, él estaba vivo; ellas tenían esperanza. ¡Qué días interminables debieron vivir esperando a que viniera el Maestro! «¿Por qué no está aquí todavía?» se debieron decir la una a la otra. «¿Por qué tarda?»

Por último, desde un punto de vista humano y clínico, ya era muy tarde. Lázaro había muerto.

Aquí es cuando finalmente Jesús llega a Betania. Se encontró primero con Marta (sin fuerzas por la espera, agobiada por el sufrimiento, enojada con Él).

Ella le dijo abruptamente: «Señor, si hubieses estado aquí, mi hermano no habría muerto» (v. 21). Ella trató de evocar palabras de fe. «Mas también sé ahora que todo lo que pidas a Dios, Dios te lo dará» (v. 22), pero las palabras salieron espontáneamente en obediencia condescendiente.

Jesús no dio ninguna excusa por su tardanza. En vez pasó varios minutos tratando de regresar a Marta a la fe, antes de que ella se fuera a buscar a María para decirle que Él había llegado.

Cuando María vio a Jesús, cayó a sus pies y repitió el melancólico clamor de Marta: «Señor, si hubieses estado aquí, mi hermano no habría muerto» (v. 32).

Era humano que las hermanas alimentaran sus dudas, su angustia así como el enojo con el Amigo a quien ellas pensaron que nunca las defraudaría.

La Biblia dice que el llanto de María, y el llanto de sus amigos y vecinos, conmovió a Jesús profundamente y lo estremeció.

«¿Dónde le pusisteis?» Jesús preguntó (v. 34). «Ven y ve» fue la respuesta. En este momento Jesús tuvo un estremecimiento, se llenó completamente de tristeza y dolor.

¿Por qué lloró Jesús? ¿Por qué se conmovió y se estremeció cuando vio a la familia y amigos de Lázaro agobiados por el sufrimiento si Él sabía que pronto estaría vivo? Después de todo, Jesús sabía que su Padre levantaría a Lázaro de la muerte. Él lo sabía aun antes de que Él y sus discípulos abandonaran el lugar que estaban visitando para responder a las llamadas de María y Marta.

Como nuestro soberano Dios, Jesús ve «el fin desde el principio» (Isaías 46.10). Él sabe que sus planes para cada una de nosotras serán al final una fuente de regocijo, sin importar los intentos de Satanás por desmayarnos, distraernos y dañarnos. Pero el mensaje maravilloso de este capítulo es que aunque Jesús ve la sanidad, la gracia y la ayuda que se encuentra delante de cada uno de nuestros senderos, su misericordia está aún disponible en forma abundante para ayudarnos a través de nuestro sufrimiento. Su soberano conocimiento nunca negará su compasión. Él no nos dejará ir solas con nuestras heridas aunque Él conoce el final y el resultado triunfante en cada situación dolorosa en nuestras vidas.

Como nuestro Amado, Jesús siente lo que sentimos porque nos ama y le duele vernos en dolor. Jesús lloró por el dolor y, creo que también por la falta de visión, la falta de fe de María y Marta. Él llora por su dolor y su debilidad humana, así como por la mía. Este tierno aspecto de la naturaleza de nuestro Amado, su habilidad para alcanzar nuestros puntos dolorosos con su iniciado amor de salvación, nos trajo hacia Él al primer lugar. En el contexto de nuestra íntima relación con Él, Él llora con cada una de nosotras en cualquier aspecto de nuestra vida en el que tenemos dolor.

Cuando caminamos a través de la tormenta

¿Qué podemos aprender de María y Marta que nos ayude a adueñarnos del consuelo que nos ofrece nuestro Amado cuando nuestros puntos dolorosos fluyen de dolor? ¿Cómo podemos aprender a caminar creativamente, constructivamente a través de las tormentas de la vida, brazo a brazo con el Amado que entiende (y que nunca desechará como insignificantes, nuestras lágrimas)?

Veo tres principios en la historia de la muerte de Lázaro para tratar con las angustias de la vida. ¡Qué placer le daremos a nuestro Amado cuando aprendamos a aplicarlas en nuestras vidas!

1. Crea en su corazón que Dios está en control

¡Qué fácil es olvidar que este es el más importante de los principios! Como Marta, a menudo necesitamos que nos regresen a la realidad de su poder, soberanía y amor. La respuesta de Jesús a la desilusión de Marta por su tardanza se ha vuelto el clamor de victoria para los creyentes a través de los siglos.

Yo soy la resurrección y la vida; el que cree en mí, aunque esté
muerto vivirá. Y todo aquel que vive y cree en mí, no morirá
eternamente.

Juan 11.25,26

Cuando Jesús se enfrentó con la sincera frustración de
Marta, con su dolor y esperanzas fallidas, Él no tomó el tiempo
para profundizar las muchas razones por las que ella debió haber escogido confiar en Él. En lugar de eso Él cortó el acoso con
esta magnífica verdad de lo que Él es y de lo que Marta podía
espera de Él.

La base de nuestra fe en Él y de nuestra relación con Él es
su habilidad para regresarnos de la muerte espiritual, a una experimental vida eterna. Si Él puede hacer eso ¡y siendo el Dios
del universo, ciertamente que Él puede! ¿Hay algo imposible
para Él? Por supuesto que no. Él está al control.

No cometa el error de repetir las palabras por tarea rutinaria o con golpes de pecho. En vez, deje que sus pensamientos,
palabras y acciones muestren a su Amado y al mundo que usted
está procediendo con la seguridad de que Él está al control.

2. Aprenda a esperar [en y a] Jesús

Cuando recuerdo mi primer año en la universidad cristiana, me doy cuenta de ¡qué impetuosa doncella era yo! Ese año
un grupo de muchachas de mi dormitorio estábamos insultadas
contra la escuela y fuimos a hablar con el decano para decirle
que no íbamos a soportar más el áspero papel sanitario. ¡Queríamos que nos escucharan, y queríamos que actuaran!

Se nos prometió que nuestra preocupación se le iba a notificar a los que estaban a cargo del oficio. Luego de esperar por algunos días sin recibir ninguna respuesta, tomamos el asunto en
nuestras manos. Hicimos una lista de compañeras que estaban
dispuestas a ayudar un sábado por la noche, juntamos muchos
rollos del odioso papel que pudimos encontrar, distrajimos a
nuestras compañeras de cuarto y nos metimos en sus sanitarios
para desenrollar por las ventanas los rollos de papel sanitario.

La noche estaba ventosa, y el domingo por la mañana temprano la mayoría del papel sanitario se había esparcido cubriendo la capilla, el césped, los árboles, las plantas y todo lo que había en las instalaciones. A las seis y cinco de la mañana el presidente de la universidad, quien se había levantado temprano para salir a caminar antes del servicio dominical, vino al dormitorio. Estaba molesto; cada muchacha en el internado estaba alistándose rápidamente para arreglar el desorden.

Nadie le dijo quien había instigado la mini-rebelión. Pero hasta este día Jesús, usó mi desesperación al no esperar el nuevo papel sanitario recordándome que no corriera delante de él y que no me alterara por su tardanza.

Todas nosotras nos frustramos cuando pensamos que Jesús no está respondiendo a nuestras necesidades en la manera en que pensamos que debiera hacerlo. Esperar siempre es difícil, y entre más larga sea la tardanza, más vulnerables estamos a la desesperación y al abandono. Pensamos si el Señor nos ha escuchado, o si Él entiende la urgencia con la que necesitamos su ayuda. Podemos empezar a sospechar que Él no está pensando en respondernos porque está enojado con nosotras. Quizá Él se está tardando a propósito por alguna ofensa que ni siquiera nos podemos acordar.

Satanás siembra toda clase de pensamientos erróneos como estos cuando estamos pasando por tiempos difíciles. Necesitamos estar en guardia contra sus engañosas insinuaciones conociendo la Palabra de Dios y entendiendo como trabaja Dios para que no lo golpeemos cayendo en la depresión y la falta de fe que le vino a María y a Marta.

Desde una perspectiva humana, aún los períodos de corto tiempo parecen prolongarse cuando estamos esperando. Usted estará familiarizada con este fenómeno si alguna vez ha tenido que esperar los cinco a siete minutos que generalmente toma una ambulancia para llegar a la escena de alguna emergencia. Frecuentemente nos vemos tentadas a sentir que no podemos hacer nada durante la espera; esa ociosidad y apatía son nuestras únicas opciones.

Pero esperar en y a Jesús no implica ocio. Verdaderamente significa *paciencia activa*. Mientras esperamos, nuestro Amado quiere que hagamos dos cosas importantes.

Primero: *Él quiere que veamos su reporte pasado de fidelidad y esperemos que Él será verdadero a su propia naturaleza y carácter.* «Y te acordarás de todo el camino por donde te ha traído Jehová tu Dios» Dios se lo dijo a los israelitas una y otra vez (Deuteronomio 8.2; también véase 15.15; 16.3; 32.6-9; 1 Crónicas 16.12). A pesar de la rica herencia de intervenciones milagrosas que Dios hizo en la vida de Israel como nación e individualmente, su gente falló al no darle crédito de ser un Amado fiel que siempre venía enteramente para ellos. Lo trataron con recelo en cada nueva etapa del camino.

No sé usted, pero me sentiría dolida y ofendida si mi esposo examina mi reporte de cuarenta años de fiel matrimonio y asume ¡que yo estaba teniendo una aventura cada vez que regresaba tarde a casa! Así es como a menudo tratamos a nuestro Amado, examinando su fidelidad y casi esperando que Él nos defraude. Cuando esperamos en Jesús, necesitamos estar muy a la expectativa, sabiendo que Él siempre vendrá completamente por nosotras y en la mejor manera.

La segunda cosa que nuestro Amado quiere que hagamos mientras esperamos es: *que confiemos activamente que Él está detrás de escenas trabajando cada elemento de cada situación para nuestro crecimiento y beneficio a largo plazo.* Romanos 8.28 nos podría aclarar:

> Y sabemos que a los que aman a Dios, todas las cosas les ayudan a bien, esto es, a los que conforme a su propósito son llamados.

Recuerde, nosotras le pertenecemos al Dios que tomó un joven llamado José de una muerte inmediata y de la esclavitud hacia la segunda posición más alta en Egipto (véase Génesis 37—45). Hemos sido compradas por el Señor que tomó una embarazosa situación de escasez de vino en una boda en Caná de Galilea y la convirtió en el triunfo de la hospitalidad (véase Juan 2).

Cuando esperamos a nuestro Amado con paciencia activa, le damos orgullo y gozo.

3. Aprenda a confiar en el tiempo de Dios

«El tiempo de Dios es perfecto». ¿Qué tan a menudo hemos escuchado esa declaración pero la relegamos a nuestra reserva de frases grabadas?

¿De verdad lo creemos? Tenemos que inclinarnos hacia ella en momentos de tardanza.

¿Qué estaba haciendo Jesús durante el tiempo que estuvo alejado de Betania, ese tiempo agonizante durante el cual María y Marta miraban a su hermano alejarse de ellas?

Él estaba intercediendo por Lázaro y discerniendo la voluntad del Padre.

¿Qué tan a menudo sabemos esto? Primeramente, conocemos el patrón que Jesús siguió en otras situaciones. Él siempre buscó la voluntad de su Padre: Él vino solamente para hacer la voluntad de su Padre y no la suya (véase Juan 4.34). Habitualmente Él pasó tiempo en oración antes de tomar alguna decisión. Segundo, sabemos que Jesús estaba intercediendo por Lázaro por sus propias palabras cuando llegó a la tumba de este: «Padre, gracias te doy por haberme oído» (Juan 11.41). Luego Él le gritó a Lázaro que saliera de la tumba. Él no le estaba pidiendo a su Padre en ese momento que hiciera un milagro. Él ya había arreglado ese asunto en intercesión antes de llegar. Todo lo que Él necesitaba hacer ahora era agradecer a Dios por su milagrosa respuesta, y lo hizo en voz alta para activar la fe de aquellos que estaban escuchando.

Cuando Jesús tarda en responder a sus clamores de ayuda, Él no lo está haciendo para frustrarla. Él está intercediendo por usted. La respuesta vendrá en su perfecto tiempo y manera, porque Dios *está siempre* a tiempo. Esta verdad (la cual exploraremos en el siguiente capítulo) es bien expuesta por Salomón: «Todo lo hizo apropiado [o hermoso] en su tiempo» (Eclesiastés 3.11).

Jesús llora cuando...

Puesto que nuestra humanidad puede captar mejor los conceptos cuando están ilustrados con ejemplos con los cuales nos podemos identificar, veamos cuatro específicas circunstancias de la vida en la cuales Jesús llora con usted y conmigo.

1. Jesús llora cuando usted se lamenta

A pesar de que nuestro Amado ve la muerte como un portal (un pasaje a la eternidad en el cual nuestros ojos y oídos verán y oirán la gloria infinita) su especial cuidado es siempre evidente cuando perdemos a un ser querido. Él sabe que mientras el que muere está en las manos de un Dios amoroso y justo, nosotros nos quedamos con el corazón quebrantado al soportar un inimaginable dolor y soledad. Así fue lo que pasó cuando Isaías anunció la venida del Mesías, el dijo que Dios lo ha ungido «a consolar a todos los enlutados» (Isaías 61.2). He escuchado a mujeres describir la pérdida de un compañero asemejándola con la pérdida de un brazo o pierna. Especialmente cuando la pareja conocía la unidad en el Señor, pero aun cuando no la conocieron, su muerte la deja con sus sentimientos fragmentados, rotos, como una sombra de su anterior personalidad.

Si usted ha perdido a su esposo por muerte o divorcio, Jesús lo sabe y entiende. Él llorará con usted mientras camine por este valle de pérdida. Él se sentará con usted hasta que el sufrimiento sea soportable, hasta que el dolor disminuya. Si su compañero está ahora con Él, Él le ofrecerá la promesa de que algún día usted no solamente verá a su Amado celestial cara a cara, sino también al terrenal. Si su esposo la ha abandonado, Él sufrirá con usted la pérdida de sus sueños, su hogar, su anticipado futuro de unidad. En ambos casos Él promete: «Porque yo sé los pensamientos que tengo acerca de vosotros ... para daros el fin que esperáis» (Jeremías 29.11).

Más aún, Jesús está listo para ser su Esposo mientras usted se sana por la pérdida de su compañero. Usted puede sentirse segura en sus brazos protectores. Con la ayuda del compasivo

Amado, usted no tiene que apresurar el proceso de sanidad sino que puede permitir que cada nivel del sufrimiento le traiga futura gracia. Puede estar en los brazos de Jesús para consolarse y renovar sus fuerzas, luego levántese a adaptarse, regrese a vivir con esperanza y propósito.

Tal vez usted haya perdido un hijo, una pérdida dura de desentrañar, porque parece anormal que nuestros muchachos sobrevivan estos días, es ir contra la corriente.

Otra vez, Jesús llora con usted en su angustia. Nadie entiende la pérdida de un hijo más que Dios. Él dio a su único Hijo voluntariamente, sabiendo que tendría una penosísima muerte por los pecados del mundo. El cielo estaba desgarrado el día que el hijo de Dios derramó su sangre en el Calvario, y el corazón del Padre se quebrantó por su Hijo. Así que Él entiende esta pérdida de una manera personal.

Una mañana, hace algunos años, yo estaba en casa acostada abrochada a un aparato de fricción para aliviar la presión en mi achacosa espalda cuando el teléfono de mi mesa de noche sonó. Lo levanté y escuché una voz fatigada, alterada en el otro lado de la línea que dijo: «Soy Nancy».

La voz de mi buena amiga era casi irreconocible cuando me dijo que su hijo Richard había muerto en un accidente automovilístico cuando regresaba a la universidad. Fue víctima inocente de un conductor ebrio.

Recuerdo el mareo y una extraña clase de zumbido en todo mi alrededor. Despojándome del aparato de fricción, volé a la acción. Primero me detuve e hice una oración con nuestra hija Sharon. Esto aquietó mi espíritu y levantó mi inmovilidad.

Dave, yo y nuestros hijos hicimos todo lo que pudimos por ayudar a Nancy, a su esposo Chuck, y a los hermanos de Richard durante los siguientes días. Recuerdo particularmente el momento que Chuck vio a Dave en la funeraria. Repentinamente Chuck pudo soltar el dolor y la tensión al tratar de ser fuerte ante su familia. Él corrió a los brazos de Dave y escuché un lamento desde lo profundo de su alma, el llanto de un padre agobiado gimiendo en el pecho de mi esposo. Dave meció a

Chuck suavemente mientras seguían allí parados, y yo sabía que Jesús estaba en medio de ese abrazo, compartiendo el sufrimiento de Chuck por su terrible pérdida.

Luego de un solemne y conmovedor funeral, seguido por una reunión familiar en la casa de ellos, Nancy hizo una petición sorprendente.

«Jan» preguntó ella calmadamente, «¿puedes ir al cuarto de Richard y traer su guitarra?» Yo le había enseñado a Richard a tocar esa guitarra, y no podía creer que ella quisiera que yo la tocara ahora. Pero así era. Nancy quiso que cantáramos cantos de alabanza y entrar en una actitud de adoración. Así que empecé a tocar.

Mientras elevábamos nuestras voces al Señor, cantando y llorando algo extraordinario pasó. Jesús estaba en medio de nosotros, el Espíritu Santo de Dios. Él se dobló alrededor de cada uno de nosotros en ese momento, y yo pude sentir sus lágrimas bañándome con misericordia y poder. Él estaba llorando con nosotros al final de un conmovedor día, y Él continuó llorando con nosotros en los siguientes meses.

Nuestro Amado es un Salvador mayormente misericordioso. No siempre podemos entender por qué las cosas pasan como pasan. Vivimos en un mundo caído en el que los creyentes no son inmunes a las enfermedades, conductas imprudentes y juicios deficientes lo cual es el resultado del pecado. No estamos privados de la angustia y la pérdida. Pero tenemos un amigo que va con nosotras en cada paso, informado de nuestro sufrimiento, consciente de cada lágrima.

2. Jesús llora cuando usted cae

Somos humanas, fácilmente de descarriar, propensas a salirnos del compañerismo con otros y con nuestro Amado. Y todo muy a menudo, porque tenemos una torcida percepción de Dios, permitimos que nuestro pecado nos separe del Único que anhela calmar nuestros puntos dolorosos y restaurarnos para un lugar familiar a su pies.

El libro del autor J.B. Phillips *Your God is Too Small* [Tu Dios es también pequeño], con varios conceptos falsos no bíblicos de Dios. Nótese la sensibilidad con la que él trata las normas no bíblicas del morboso perfeccionismo que todas nosotras muy a menudo sentimos que Dios espera de nosotras; una norma que permitimos que nos aleje de la comunión con nuestro Amado:

> De todos los dioses falsos probablemente no hay otro más fastidioso en el mundo espiritual que el «dios del cien por ciento». Porque Él es verosímil. Puede ser muy fácilmente discutido que puesto que Dios es Perfecto, y puesto que Él pide la completa lealtad de sus criaturas, entonces la mejor manera de servirle, agradarle y adorarle es colocando normas absolutamente del cien por ciento y ver si las obedecemos. ¿Después de todo, no dijo Cristo: «Sed perfectos»?

Phillips va al punto de que el cristianismo no es una representación sino una forma de vida.

> «Aprender» incluye crecimiento ... el hacer y corregir errores ... un firme progreso ascendente hacia un ideal. La «perfección» que Cristo manda a los hombre a progresar es este ideal. La moderna alta presión cristiana de ciertos círculos les gustaría imponer la perfección del cien por ciento como un juego de reglas que sean inmediatamente impuestas, en vez de un brillante ideal que sea fielmente perseguido ... Tal distorsión de la verdad cristiana no podía originarse del Único que dijo que su «yugo era fácil» y su «carga ligera» ... Para imaginarse que su voluntad no hace tratos con [cristianos] hasta que estos estén preparados para darle perfecta devoción es simplemente otra manifestación del «dios del cien por ciento» ... ¿negaría usted el interés del padre del hijo pródigo cuando su índice espiritual estaba en realidad en la cifra más baja?

Algunas mujeres no pueden creer que Jesús puede restaurarlas completamente una vez que han caído. Por supuesto que esta sugerencia, es que ellas estaban en un nivel de perfección para empezar, mientras que nuestro único reclamo de perfección es por medio de la cobertura de la propia justicia de Jesús con la cual nos cubre en la salvación.

Por otro lado, a Satanás le gustaría que creyéramos que cuando caemos vamos a ser las hijastras de Jesús cuando regresemos a sus brazos, nunca completamente aceptadas como lo fuimos una vez. Con esta mentalidad vamos a perder la motivación de regresar a Él porque estaremos fuera de la comunión, confundidas y convirtiéndonos en presas fáciles para el engaño del enemigo.

Si usted ha caído, Jesús llora por usted y con usted. Él no vino a esta tierra a condenarla sino a salvarla (véase Juan 3.17). Él se lamenta cuando usted no está dispuesta a renunciar a su pecado y recibir el perdón y la restauración. Él llora cuando usted se aleja de la intimidad con Él a través de la tentación o la desobediencia, sintiéndose perdida en la confusión y el engaño. Su Amado está exactamente en donde usted está, listo en este momento para perdonar cualquier cosa que usted haya hecho y restaurarla completamente en sus brazos de amor y seguridad. Él nunca salva parcialmente; Él solamente puede salvar entera y completamente.

Siempre me ha emocionado la historia de la mujer que cayó en adulterio. Póngase usted misma en sus zapatos en ese día tan degradante. A usted la arrestan en la cama del hombre con el que usted durmió (no su esposo) y la llevan medio desnuda a las calles, en donde la gente la condena por su pecado. Usted sabe que ellos pueden decidir apedrearla hasta que muera. Avergonzada, sola, culpable, asustada, usted trata de cubrir su cuerpo desnudo, pero es inútil. Se cubre la cara con las manos y se agacha en la tierra.

Entonces Jesús de Nazaret sale a escena. Al principio la multitud se queda en silencio por su presencia, luego tratan de hacerlo que acepte que usted debe ser apedreada. Pero Jesús les recuerda sus propios pecados y su hipocresía delante de Dios. La multitud empieza a dispersarse. Luego Él vuelve su atención a usted.

Para su sorpresa, Él se quita el manto, la levanta y lo coloca suavemente a su alrededor. Él es tierno y bondadoso. ¡Usted no merece tanta bondad! Pero viéndole a los ojos, usted no encuentra condenación sino perdón y amor.

«¿En dónde están ellos?» Él pregunta. «¿Ninguno te condenó?»

«Ninguno, Señor», usted contesta.

«Ni yo te condeno; vete y no peques más» (Juan 8.10,11).

¡Él le ha dado un comienzo enteramente nuevo!

¿Qué pasa con *usted*? ¿Sucumbió usted a la tentación?

¿Se siente avergonzada y culpable? Jesús llora por usted y quiere restaurarla, levantarla y cubrirla con su manto (su sangre derramada por usted). Usted puede atreverse a ir a casa con Él. Usted es su apreciada hija para siempre.

3. Jesús llora por su incredulidad

Antes que Jesús diera el grito que levantó a Lázaro de la muerte, Marta le recordó que su hermano ya tenía cuatro días de muerto, que su cuerpo descompuesto hedía. Su declaración me consterna, y debió haber sido frustrante para Jesús. Él acababa de pasar tiempo enfocándole a que regresara a la fe. Él se había proclamado el único capaz de hacer que todo aquel que creyera en Él viviría para siempre. Ella había visto a este hombre a quien amaba hacer extraordinarios milagros. ¿Por qué no podía creerle completamente en esta prueba tan importante?

Conforme a su naturaleza, Jesús no avergonzó o condenó a Marta. Suavemente le recordó su conversación anterior, luego simplemente siguió adelante y levantó a su hermano de la muerte.

Nuestro Amado es tierno con nuestra incredulidad también, y llora por nosotras cuando no podemos confiar totalmente en sus promesas. Él sabe que nuestros puntos dolorosos están en proceso de sanidad y eso toma tiempo para aprender a asimilar su Palabra.

Pero cada día tenemos nuevas oportunidades para confiar en Jesús o para dudar; para depender de Él o para tomar las cosas por nuestra propia cuenta. Si comenzamos a creer en Él con las cosas mas pequeñas iremos llenando nuestra vida diaria y podremos ir graduando la confianza en Él para las grandes cosas.

¿Qué cosa en su vida parece imposible que Jesús haga? Dígale como se siente. Admita su duda. De todos modos Él conoce todo al respecto, pero anhela tenerla sentada a sus pies y que usted comparta con Él. Deje que Él le diga lo que su Palabra dice al respecto, y luego pídale que le envíe a alguien que haya experimentado esta necesidad y que le pueda ayudar por medio de esto. Segunda Corintios 1.4 nos recuerda que Dios:

> Nos consuela en todas nuestras tribulaciones, para que podamos también nosotros consolar a los que están en cualquier situación, por medio de la consolación con que nosotros somos consolados por Dios.

Este principio se aplica en nuestras vidas una y otra vez. Una vez que usted haya sido levantada y fortalecida, Jesús la usará luego para ayudar a alguien más.

Como Marta, nosotras también hemos visto a Jesús hacer muchas obras maravillosas. Pero en la crisis tememos y dudamos en creer que vendrá por nosotras. Nuestro Amado entiende. Él vio a Marta ese día en la tumba y demostró delante de ella su autoridad y poder. Él ya había llorado por su incredulidad, y ahora se dispuso a suplir su necesidad.

No deje que su incredulidad la domine. Luche con ella sinceramente. Nuestro Amado no le dará la espalda cuando su fe falle temporalmente, sino que si usted se lo permite, la ayudará a regresar de nuevo a la fe en Él. Él tiene todo el poder para levantarla de la muerte o de la vacilante fe, de la angustia y la desesperación. Mientras más cree usted y esté sentada a sus pies, más completa será su comunión con Él mientras se sienta a sus pies.

4. *Jesús llora con nosotras por nuestro mundo corrupto*

Jesús llora con nosotras por la destrucción que el egoísmo y el pecado de otros ha obrado en nuestras vidas, y en la vida de toda la gente en el mundo. Él añora que nos acongojen las mismas cosas que a Él le rompen el corazón. Él llora:

- Por matrimonios heridos y por el egoísmo y la vanidad que aleja a los esposos y esposas a perdonarse el uno al otro.
- Por los niños y adultos que sufren y mueren cada año por abusos emocionales, físicos y sexuales.
- Por los bebés sacrificados cada año por los abortos.
- Por las naciones Occidentales que han sido abundantemente bendecidas y que aun se están separando entre ellas mismas en tazas alarmantes por sus normas morales.
- Por las naciones del mundo en desarrollo, perdidos en la pobreza, hambre y obscuridad espiritual.
- Por la gente que empuja a Jesús hacia el fondo y se niega a hacerlo el Señor de sus vidas.
- Por su iglesia y aquellos que dentro de ella lo tienen parado afuera.
- Por aquellos que siguen sectas y otras falsas religiones porque no han sido alcanzados, o han sido heridos, por la iglesia.

La historia de Susan

La historia desgarradora de Susan representa el dolor y la perdición de las cuales Jesús anhela libertar a millones que no lo conocen en el mundo. Escribo sobre ella porque usted podrá reconocer algunos de sus mismos dolores mientras observa la vida de ella, y podrá sentir el tierno deseo de nuestro Amado de tocarla a usted mientras Él la toca a ella. O quizá usted verá en el dolor de Susan el espejo de alguien más, y escuche a nuestro Amado llamarla para que usted sea un instrumento de su sanidad.

Oré con Susan una tarde durante una conferencia, comenzando una relación que ha durado varios años.

Su primera preocupación era su falta de seguridad sobre si había nacido de nuevo. Hablé con ella de lo que significaba recibir el amor de Jesús y la salvación en su vida. Ella pensó que le había pedido que entrara a su corazón, pero no tenía la seguridad de que Él la había aceptado. Mas adelante cuando hablamos, me di cuenta de que Susan necesitaba más que una simple tarde de oración.

No vivíamos en la misma ciudad, así que las semanas y meses siguientes nos comunicamos por cartas y por teléfono. Nos juntábamos de vez en cuando para almorzar. Cuando me reveló su historia me enfermé y me afligí.

Susan había crecido en un hogar en donde profesaban el cristianismo. Su abuelo había sido un ministro y su madre era activa en su iglesia local. Aparentemente el ambiente de Susan era estable. Pero cuando ella tenía dos años de edad, se cayó por la ventana del segundo piso que no tenía asegurada la malla de protección.

Ella no se recordaba cuanto tiempo había pasado en el hospital o cuanto tiempo duró su recuperación en la casa. Pero se puso tensa cuando me habló del incidente, creía que eso había desatado un ataque violento de las circunstancias que gobernaron su vida desde ese entonces.

¿Por qué? Porque la madre de Susan, sintiéndose culpable por el accidente, empezó a ejercitar un control enfermizo sobre la vida de su hija. A Susan no la dejaban que jugara con otros niños por temor a que se golpeara. Ella nunca aprendió a relacionarse socialmente con otros jóvenes, la molestaban por su apariencia y su timidez, terminando así en peleas. Naturalmente Susan comenzó a refugiarse en su propio mundo, convencida por su madre de que ella era diferente.

La madre de Susan, inexperta para poder ayudar a su hija a que creciera en autoestima, a menudo cometía el error de compararla con las otras niñas de la iglesia. «¿Por qué tú no puedes ser como ellas?» la irritaba con insistencia, «¿qué pensará la gente de nuestra familia si sacas malas notas en la escuela?»

«Yo nunca dejé a nadie que entrara en mi mundo», me confió Susan, «ni siquiera a Jesús». Ella había oído de Él desde que era pequeña, había ido a la iglesia y lo había aceptado como su Salvador cuando fue a un campamento de la iglesia siendo una adolescente.

«Al principio estaba emocionada y me sentí bien por lo que había hecho» me dijo. «Pero nadie me enseñó a tener una relación personal con Él». Ella suspiró. «Cuando regresé a casa, la buena sensación se fue y nada había cambiado. Pensé que Jesús me había rechazado, como todo el mundo».

Cuando empecé a conocer a Susan, noté su inquietante mal humor por algunas emociones, y su incapacidad para llorar, contrastando con sus arrebatos de cólera a veces incontrolables. Algunas veces recibí cartas en las cuales ella desencadenaba un lenguaje violento en contra mía (lenguaje que yo nunca antes había escuchado). Ella estaba convencida de que yo con el tiempo la abandonaría.

Sabía que Susan necesitaba la ayuda de una terapista con licencia, pero no estaba segura si ella iba a buscar o a recibir tal ayuda. También sabía que ella necesitaba cambiar su dependencia en Jesús, y que percibiera que Él me había puesto en su vida para cuidarla y guiarla a su amor y sanidad. Ignoré cada carta de enojo, y pronto Susan me enviaba una disculpa. «Yo no sé por que hice eso, Jan», se lamentaba. «Yo no quiero decir esas cosas, pero simplemente se me salen».

Finalmente Susan comenzó a revelar la fuente de su confusión y dolor. Cuando ella estaba por cumplir casi veinte años, había hecho nuevas amistades pero nunca funcionaron. Su madre le dijo que iba a ser difícil para ella permanecer en un trabajo por su timidez y su personalidad apartada. Sus padres le permitieron salir con un joven al que conocían, pero en una inolvidable noche el muchacho la violó. Susan tenía miedo de contarle a sus padres por temor de que ellos la culparían a ella, pero finalmente se arriesgó a confiarle la experiencia porque pensaba que estaba embarazada.

Su madre se retorció las manos en desesperación, llamando a la situación completa una total desgracia para la familia. Su padre, sacudiéndose la cabeza por el disgusto, le dijo que ella se «había echado a perder» y que nunca se casaría. Los padres le echaron la culpa a ella por el incidente y la hicieron prometer que no diría nada.

No resultó embarazada, y el joven nunca fue confrontado. Llena de confusión, Susan se metió más y más dentro de sí.

Su madre ocupada con el trabajo de la iglesia, muy a menudo estaba fuera de la casa.

Uno de esos días, el padre de Susan se acercó a ella. «Yo no quiero herirte otra vez, Susan» comenzó él, «desde ahora yo seré él que te ame».

Susan no estaba segura de lo que él quiso decir, pero no le tomó mucho tiempo para entender. Él incesto empezó ese día.

«Todas las buenas hijas hacen esto con sus padres para mostrarles lo mucho que lo quieren» le dijo. «Te amo más de lo que amo a tu madre, y tú no debes decirle a ella ni a nadie de nuestro amor».

Susan se sintió sucia y avergonzada, pero escapaba en su mente durante cada episodio. La relación duró hasta la muerte del padre, aproximadamente siete años antes de que yo la conociera.

He llorado muchas veces por Susan durante mis momentos de oración. La injusticia, el tormento y la miseria que ella ha soportado seguramente también rompe el corazón de su Amado. Susan ha estado en centros de tratamiento, ha tratado de suicidarse y ha tomado cantidades grandes de diferentes clases de medicamentos. Desde que la conocí por primera vez, ella ha recibido consejería profesional, y nuestro dulce Amado Jesús, le ha dado el alivio de las lágrimas. Lentamente ella está comenzando a confiar en su amor, a experimentar en pequeñas cantidades su realidad. «Puedo sentir como se derrama en mi corazón», me dice ella.

Recientemente me escribió: «Estoy perdonando a aquellos que me han lastimado. No culpo a ninguno de mis padres. Los perdono».

Todavía le recuerdo a Susan que Jesús la amó durante esos terribles años aun cuando ella no podía sentir su amor o su presencia. Él lloró por todo lo que le estaba pasando a su apreciada hija.

La historia de Susan también pudo ser la suya. Usted pudo haber experimentado la misma clase de sufrimiento y tormento. Puede que usted esté en recuperación, o quizá usted nunca se lo ha contado a ninguna persona. Jesús escuchará. Él llorará con usted. Él tiene a alguien que puede ayudarla. Atrévase a confiar en su amor. Es más que un sentimiento: es poder.

Otras al leer este capítulo no pueden imaginarse la clase de invasión y horror que Susan pasó, pero usted tiene sus propias desilusiones y sueños perdidos, Jesús también llora por usted, y se preocupa por su pérdida. Agárrese y nunca se de por vencida. Atrévase a permitirle a Jesús que entre en su mundo para reemplazar las mentiras de Satanás con verdades de su Palabra. Jesús quiere secar sus lágrimas.

Todavía otras necesitan escuchar el llamado de despertar de nuestro Amado para ver su abrumadora creación. Mientras usted se sienta a sus pies cada día, pídale que le muestre en donde Él quiere que usted sea sus manos consoladoras y sus pies dispuestos para ayudar a otros. Jesús ve abiertos los dolorosos abismos del mundo. Él está trabajando por aquellos que han sido lastimados, quebrantados y confundidos. Y Él nos está buscando a usted y a mí por medio de su Espíritu para compartir su carga e ir a los campos que están blancos para la cosecha, listos para su amor y salvación.

Su empatía nunca termina

Cualquiera que haya perdido a un ser querido conoce el sentimiento de vacío que nos ocupa cuando el funeral se termina. Los familiares y amigos se van a sus casas, las tarjetas paran de llegar y se espera que los familiares del fallecido empiecen a atar cabos en sus vidas como si nada hubiera pasado. Nuestra cultura tiene poca paciencia con el sufrimiento, prefiere la indiferencia y continuar el camino.

Pero tenemos un Amado cuya empatía nunca termina, que no nos empujará a «seguir adelante por la vida» hasta que Él sepa que estamos listas. Reconocer que Él llora con nosotras y por nosotras ofrece una dulce sensación de su constante intimidad al igual que Él llena los vacíos de nuestros puntos dolorosos, valorando nuestras preocupaciones y afirmando nuestro valor verdadero. Jesús llorará por usted hasta que su sanidad sea completa.

Oración

Mi maravilloso Amado. Tú estás consciente de todo lo que ha pasado. Te has parado en las sombras y has llorado por mis aflicciones y sufrimientos. Tú has anhelado tenerme cerca y sanar las heridas impuestas en mí por otros. Aun cuando yo te empuje, no te des por vencido conmigo, y que tu corazón de amor me rodee. Tú estás constantemente enfoncándome a que regrese a la fe, y ya no me resistiré más. Recibo tus lágrimas y tu sanidad amorosa con agradecimiento. Te amo, Jesús. Amén.

10

Él siempre está a tiempo

Hace algún tiempo fui invitada a asistir a un evento de crecimiento espiritual femenino en el cual las organizadoras habían estado en mucha meditación y oración. Nuestros emblemas habían sido impresos creativamente con el tema del fin de semana y con una escritura bíblica escogida individualmente para cada participante. Una deliciosa canasta de golosinas había sido colocada en cada dormitorio con más escrituras para reflexionar. Cada mujer había sido asignada con otra como compañeras de oración para ese fin de semana, y las organizadoras habían acomodado un tiempo aparte en el programa para que las compañeras se conocieran y oraran privadamente la una por la otra.

En una de las sesiones de grupo, mi compañera de oración (la llamaré Alicia) nos agració al ofrecernos una hermosa alabanza de danza litúrgica. Todas sentimos la presencia de Dios mientras oíamos y la mirábamos.

Sin embargo, Alicia había venido al evento con un corazón muy cargado. Ella tenía ahora una edad en donde la danza era difícil. A través de los años sus rodillas y tobillos estaban golpeados por los constantes saltos, estaban doblados y movidos. A menudo con dolor, ella se sentía afligida y desilusionada al darse cuenta profundamente en su espíritu que sus días de danza estaban contados.

Alicia tenía una cercana e íntima relación con su Amado, Jesús (una relación que era el centro de su vida). Pero en el aspecto de su vida que involucraba la danza, su punto doloroso estaba sensible.

Ella amaba lo que hacía; le daba gran gozo y satisfacción compartir su fe en Jesús con los niños a quienes enseñaba y con los padres de ellos. También le encantaba alabarlo en público con su gracia y habilidad.

«Pronto será para mí muy tarde para danzar», exclamó ella. «Él tiempo ha pasado y mi cuerpo ha cambiado».

La pregunta que acosa a muchas mujeres, también acosaba a Alicia, «¿Es muy tarde para mí ahora?» Es la pregunta que irrita a las mujeres modernas como ha irritado a las mujeres a través de los siglos. Sus variaciones son innumerables pero su tema es el de siempre: ¿Es demasiado tarde para cumplir mis sueños ... de matrimonio, de tener un bebé, de regresar a la escuela, de ser dueña de un exitoso negocio, de correr en un maratón, de escribir un libro, de viajar, de ver a mi esposo e hijos venir al conocimiento de Jesús, de servirle a Dios en una grandiosa y noble manera? Y mientras nuestros relojes biológicos continúan caminando, la pregunta apuñala más y más profundo.

Nunca es demasiado tarde

Sarai, la esposa del gran personaje bíblico Abram, estaba a tal punto en su vida. Su historia es nuestra historia, y su Dios es nuestro Dios.

Unos años antes, Dios había llamado a Abram y había establecido con él un pacto, un acuerdo unido común en la cultura del Medio Oriente. En este pacto Dios le había prometido a Abram tierra, semilla y bendición, y Él dijo que «todas las familias de la tierra» serían benditas en él (Génesis 12.3). El pacto fue ratificado después, como se registra en Génesis 15, e incluía la promesa de un hijo de Sarai y Abram, quienes no tenían hijos.

Dos capítulos después escuchamos a Dios reiterar el pacto entre Él y Abram prometiéndole un hijo a Sarai y Abram:

Y la bendeciré, y también te daré de ella hijo; sí, la bendeciré, y vendrá a ser madre de naciones; reyes de pueblos vendrán de ella.

Génesis 17.16

Pero en esta ocasión Dios agregó un significante elemento al pacto: Él cambió los nombres de Abram y Sarai, los cuales respectivamente querían decir «padre exaltado» y «mi princesa», a «padre de gran multitud» y «princesa». Aquí Dios tenía algo más en mente que simplemente cambiarles los significados a los nombres de sus amigos. Para entender sus intenciones, necesitamos ver la ceremonia que rodeaba el cierre de un pacto conforme a las costumbres establecidas en aquellos días entre los participantes.

Comprendamos la ceremonia

La ceremonia por lo general se llevaba a cabo al aire libre con muchos testigos presentes, y en cada fiesta de pacto se hacían ciertos intercambios.

Primero se cambiaban las túnicas para confundir sus identidades. Por lo tanto la gente que observaba a la distancia, no podía distinguir a una persona de la otra. Lo siguiente era que los individuos del pacto cambiaban sus cinturones, representando la fuerza, simbolizando sus ofrendas de poder y fuerza del uno al otro. El tercer intercambio era el de las armas que colgaban del cinturón de cada uno de los participantes. En esencia esto simbolizaba el intercambio de enemigos: «Tu enemigo es ahora mi enemigo, y mi enemigo es ahora el tuyo». Luego se cambiaban los nombres o eran sometidos a un cambio de nombres. Una persona podía poner el nombre de la otra en medio del suyo propio, de este modo significaba total identificación con el otro participante. Y por último, para concluir el pacto, los participantes siempre compartían una comida.

Cuando Dios estableció su pacto con el pastor nómada, de antecedentes del Medio Oriente, Él no solamente entendía la importancia de la ceremonia en la cultura de Abram, sino también su simbolismo. De esa manera Dios incorporó su propio nombre en medio de los nombres de Abram y Sarai. Eso tuvo un sentido perfecto para Abram. Él había entrado en un pacto con Yahveh, así que Abram se volvió Abraham, con la *ah* del nombre de Dios insertado. Así, también fue la *a* de Dios insertada en el nombre de Sarai, ya que ella iba a jugar un papel importante en el pacto.

Como un objetivo final de este pacto, Abraham fue circuncidado. Una gran posesión del hombre en la sociedad del Medio Oriente era la habilidad de procrear, y su gran maldición era la infertilidad. Construir una familia que cuidara de él y su esposa en su anciana edad y llevar una línea familiar era vital. De modo que la circuncisión era una poderosa señal externa de entrar en pacto con Dios.

Entender la ceremonia del pacto del Medio Oriente difunde una luz fascinante en nuestra relación con Dios por medio de Jesús. Como Abraham y Sara, nosotras cambiamos túnicas con Dios: Jesús toma nuestra «túnica» de pecado en sí mismo y nosotras somos cubiertas con su justicia. Esto significa que podemos tomar su identidad y propósito para ser conformadas a su imagen.

También cambiamos enemigos. Cuando recibimos a Cristo, Satanás se convierte en nuestro enemigo principal, y la muerte se convierte en la enemiga de Jesús (que Él ya conquistó cuando se levantó de la tumba). Dios nos advierte que estemos alertas a las maquinaciones de Satanás (véase 2 Corintios 2.11), que velemos para que no nos devore (véase 1 Pedro 5.8) y que usemos las armas de Dios para tratar con él (véase Efesios 6.13-18).

Además intercambiamos cinturones, nuestro cinturón de debilidad por el fuerte y poderoso del Espíritu Santo que es necesario si vamos a vivir para Él en santidad.

Como último intercambio en nuestro pacto, tomamos el nombre de Jesús: Somos llamadas *cristianas* y marca el significado de nuestro pacto el ritual del bautismo en agua. Luego compartimos la comida que Jesús instituyó, la Cena del Señor, mientras recordamos nuestro pacto.

«Dios, sobre este bebé que tu prometiste...»

Cuando Abraham iba a cumplir cien años de edad y Sara iba a cumplir noventa fue cuando tuvieron su primer bebé. Él se rió de la idea. ¿Quién podría culparlo? Luego tres hombres visitaron a Abraham, uno de los cuales (está claro en Génesis 18) era Yahveh encubierto. Sara alcanzó a oír la reiterada promesa de Dios de un hijo, y la Biblia dice que ella «se rió entre sí, diciendo: ¿Después que he envejecido tendré deleite, siendo mi señor ya viejo? (v. 12).

La risa de Sara no fue de deleite o alegría, sino de burla y mofa. Dios la escuchó, y por supuesto, Él conocía sus pensamientos, pero en vez de enojarse, Él le hizo una pregunta importante: ¿Hay para Dios alguna cosa difícil? (v. 14).

La historia de Sara demuestra la verdad de que con Dios nunca es demasiado tarde. A Sara se le había prometido un hijo años anteriores. Ahora ella estaba bastante anciana para tener hijos. ¡Cuánto debió haber anhelado tener a un bebé en sus manos y compartir ese gozo con su esposo! Ella había sido fiel a Abraham. Era una buena esposa. Pero ahora había renunciado a la esperanza de que la promesa se haría realidad. Es más, ella había perdido su anhelo. ¡Qué agridulce debió haber sido (que jocoso) para Dios decir que el niño iba a venir en este momento en la vida de ella!

¿Es muy tarde para usted?

¿Se ha sentido usted alguna vez como se sintió Sara? ¿Ha buscado con expectación año tras año la respuesta a cierta oración sin que esta haya venido? Cuando nuestras esperanzas son severamente probadas como fueron las de Sara, corremos el riesgo de volvernos indiferentes a nuestras esperanzas. Ya no nos sentimos emocionadas u optimistas sobre el futuro. Perdemos la esperanza y reprimimos nuestros deseos.

Las siguientes historias de tres mujeres ilustran algunas circunstancias comunes bajo las cuales nosotras pensamos que es demasiado tarde, y nos olvidamos que nuestro Amado está siempre a tiempo.

Nunca es demasiado tarde para la salvación de un ser querido

He conversado con algunas mujeres que alguna vez oraron con emoción y expectación por un compañero o hijo para que viniera a la salvación por medio de Jesús. Ellas hacen la lista de ayuda de los amigos en la iglesia o en el estudio bíblico para que oren intensamente para que ese ser querido confíe en el Señor, o asista a la iglesia con la familia. Pero semana tras semana, mes tras mes, año tras año de paciencia y oraciones y recordando que ninguna amonestación ha traído ningún resultado.

Estas mujeres continúan su caminar con Jesús, pero el dolor de no poder compartir esta maravillosa relación celestial con el que está humanamente cerca a ellas, las entrega a la desesperación. Muchas se rinden interiormente, sus esperanzas disminuyen con cada año que pasa. Como el salmista, ellas piensan:

¿Ha cesado para siempre su misericordia? ¿Se ha acabado perpetuamente su promesa? ¿Ha olvidado Dios el tener misericordia? ¿Ha encerrado con ira sus piedades?

Salmo 77.8,9

Cuando oramos fielmente por la salvación de seres queridos, necesitamos entender que Dios no va a violar sus voluntades. Él los va a atraer con su amor, pero ellos necesitan responder. Al mismo tiempo, si el clamor del salmista es el suyo, déjeme que la anime a no rendirse. Nunca es demasiado tarde para que Dios trabaje en alguien a quien amamos, y nada es difícil para Él.

Un domingo por la mañana, alcancé a escuchar a una joven mujer en la iglesia decirle a algunas compañeras: «He estado orando por cinco largos años, y le he pedido a otros que me ayuden a orar por la salvación de mi esposo, para que él se una con nuestra familia a adorar. ¡Pero mi esposo aún no es salvo, y continúa entre nosotros!

Sus amigas movieron la cabeza en simpatía, mientras que una mujer mayor que estaba cerca caminó hacia ella y puso el brazo alrededor de la joven esposa.

«Querida» le dijo, «yo he orado por veintidós largos años por mi esposo para que venga a la fe en Jesús. Dios contestó mi oración, y quiero que sepas que valió la pena cada minuto de espera».

¡Que testimonio de fe al esperar en Dios y no darse por vencida! Si usted ha luchado con este asunto y otros que rodean la vida con un compañero no salvo, yo les recomiendo el libro de Melinda Fish, *Restoring the Wounded Woman* [Restaurando a la mujer herida], Chosen, 1993. Pero nunca haga como Sara, reírse amargamente y decir: «Es demasiado tarde». Nunca es demasiado tarde.

Nunca es demasiado tarde para el perdón

Recibí una llamada telefónica de Lorraine seis meses después de que prediqué en su iglesia. Nos habíamos llegado a conocer solamente por un momento mientras estuve allí, pero me deleitó escuchar su voz. Ella era serena y se expresaba claramente, era líder entre las mujeres de su congregación. Ella había estado deseando esa semana sentarse a los pies de Jesús y empaparse en todo lo que Él tenía por ofrecerle.

Pero Lorraine no estaba haciendo simplemente una llamada amistosa. Ella necesitaba ayuda. La escuché atentamente cuando me dijo que su esposo Phil, también líder de la iglesia, había empezado a tener una aventura amorosa con otra miembro de la iglesia.

Yo me encuentro con este problema en las iglesias mucho más a menudo de lo que usted se puede imaginar. Nuestra relación con Jesús no nos hace inmunes a la tentación, aunque Jesús nos da el poder para resistir y nos ofrece una salida para escapar (como lo prometió en 1 Corintios 10.13). Pero algunas veces fallamos al no hacerle caso a su advertencia o al no usar su salida de escape.

Esto fue lo que le pasó a Phil. Él había sido honesto con Lorraine sobre la aventura pero no estaba dispuesto a dejar de ver a la otra mujer. Ambas familias estaban involucradas, dos compañeros conocían de la infidelidad. Era un desorden, y Lorraine no sabía como responder.

«¿Estás dispuesta a confiar en Jesús para salir de esto?» le pregunté.

«Si», me contestó ella.

«¿Estás dispuesta a perdonar a tu esposo y a buscar a Dios para la restauración del matrimonio?»

Lorraine vaciló. Por último me respondió, «Jan, yo creo que es muy tarde para eso ahora».

Entendí como se sentía Lorraine. Para la mayoría de las mujeres, la infidelidad golpea con cuerdas de tanto enojo y dolor que en el principio ellas creen que es imperdonable. Las espirales de su autoestima se vienen abajo y una sensación de traición las agobia.

También, desde un punto de vista general, es común que la mujer sienta que es demasiado tarde para el perdón y la restauración. La infidelidad a menudo produce un golpe de muerte al amor romántico que es tan fundamental (ya sea correcta o incorrectamente) en nuestro concepto Occidental del matrimonio. Sin eso el matrimonio parece inconcebible.

Lorraine, como muchas otras mujeres engañadas, estaba luchando con sus sentimientos, especialmente porque Phil no estaba dispuesto a alejarse de esa ilícita relación. Ella no estaba segura si podría perdonarlo aun si él lo hiciera.

Animé a Lorraine a convenir en un pacto de oración. Ella me iba a llamar frecuentemente para que pudiéramos hablar y orar juntas sobre la situación. Ella sabía que yo iba a estar intercediendo en nuestras reuniones de oración a larga distancia.

Vi que la fe comenzó a florecer con cada llamada telefónica que siguió. Le dije a Lorraine que se agarrara de Jesús, que estudiara su Palabra y que hablara honestamente con Él, tendiendo su dolor y permitiendo el consuelo de Él. Aunque ella era creyente, nunca lo había conocido de esta manera íntima. Pero ahora ella se dedicó a su matrimonio independientemente de lo que había ocurrido.

Empecé a orar para que Dios le enviara a Lorraine alguien a su ciudad para que orara con ella, que la animara y escuchara confidencialmente. Jesús respondió, y Lorraine estaba emocionada por tener a una amiga a su lado. Por último ella se dispuso a perdonar a su esposo. Ella decidió que ambos habían invertido muchos años en este matrimonio y que valía la pena conservarlo.

Mientras tanto Phil, estaba experimentando confusión y desilusión (reacciones fieles a la infidelidad). Ya no estaba seguro si de verdad amaba a la otra mujer, y comenzó a ver algo atractivo y apetecible en su esposa. Él sabía que ella lo había perdonado y que lo continuaba perdonando cada día, pero él todavía estaba despedazado por sentimientos de lealtad a su nueva relación.

Durante este tiempo tuve que salir del área por un largo período de tiempo. Me lamentaba de no poder hablar con Lorraine frecuentemente pero estuve orando continuamente. Escribí algunos pensamientos y se los envié por correo. Le recordé las verdades de Dios respecto a su situación tan enredada: puesto que Phil era un creyente, algún día tendría que rendir cuentas de su conducta, y que era importante para ambas que oráramos para que él escuchara al Espíritu Santo y obedeciera. Que viera su propio pecado y se arrepintiera.

Para sorpresa mía, ¡Lorraine me llamó para decirme que le había dado mi carta a Phil! Pero Dios tiene sus propósitos. Él usó mi carta para convencer a Phil de su adulterio, y Lorraine tuvo el privilegio de consolar a su esposo con la certeza de que Jesús estaba listo para perdonar. Phil confesó su asombro por el perdón de ella, y Lorraine rechazó una oportunidad perfecta de ponerle sal en sus heridas cuando él se sentó frente a ella quebrantado.

Lorraine y Phil tienen todavía muchas cosas que ordenar, y han acordado ir a sesiones de consejería el tiempo que tome la restauración de su matrimonio. Quizás, en los años venideros ellos serán usados por Dios para ayudar a otros a darse cuenta que nunca es demasiado tarde para el perdón.

Nunca es demasiado tarde para conocer a Jesús profundamente

Una semana que estaba yo predicando en un servicio de avivamiento en una ciudad cercana, observé a una mujer anciana que venía cada noche y se sentaba en el mismo lugar. Nunca se acercó al altar al final del servicio para orar, pero vi una mirada de anhelo en su rostro que se ha vuelto familiarmente persistente en mi labor con mujeres.

Una noche me alcanzó después del servicio y me preguntó si quería hablar con ella luego de que terminara de hablar y orar por otras. Acepté, y descubrí que, aunque ella era miembro de la iglesia desde hacía mucho tiempo, sabía que algo le hacía falta en su vida cristiana. Ese «algo» era la relación íntima con Jesús que forma la esencia del mensaje de este libro.

«Yo veo a las mujeres más jóvenes tan emocionadas con Jesús» me dijo ella con nostalgia, «y yo siento que usted también está así. Es demasiado tarde para que yo conozca a Jesús en una forma tan rica y tan llena, ¿pero podría usted orar para que las mujeres jóvenes de mi familia pudieran venir a conocerlo de esa forma?»

¡Siempre me asombra que alguien se pueda creer una mentira tan grande de Satanás! Incluso algunas mujeres sienten sinceramente que una relación vibrante con el Único que otras conocen como el Amado ya ha pasado para ellas. Puesto que no lo buscaron cuando eran jóvenes, dudan que la oferta sea todavía buena. Se sienten cómodas en sus maneras, inexpertas en la oración o en el estudio bíblico. Tales mujeres son salvas por la sangre de Jesús e irán al cielo cuando mueran, pero dudan que puedan conocer el arrebatador gozo que viene de este profundo caminar.

Con mucho gusto le expliqué a esta querida mujer que nunca es demasiado tarde para conocer a Jesús de una manera muy personal e íntima. No hay edad límite para desarrollar una relación familiar con nuestro Amado. Hasta que demos el último suspiro, Jesús continuará llamándonos hasta que nos acerquemos a Él. Hasta que no nos podamos mover, pensar o responder, Él seguirá llevándonos por su Espíritu a un lugar de profunda unión. Nada de nuestro pasado o presente puede alejarnos de lo que Él nos quiere dar, si creemos en Él y nos atrevemos a movernos hacia Él.

La noche siguiente mi nueva amiga vino al altar cuando se hizo la invitación. Yo estaba ansiosa por orar con ella. Ella se acercó a Jesús y Él se acercó a ella. Ella le dejó saber que anhelaba tener intimidad con Él, y le pidió al Espíritu Santo que fluyera en su vida de una manera fresca y vital.

Su encuentro con Jesús pasó hace muchos años, y ella sigue acercándose más a su Amado, disfrutando de su compañía de una manera que ella pensó que ya era imposible.

¿Ha estado usted leyendo los últimos capítulos con dolor en el corazón, pensando que es demasiado tarde para que *usted* haga a Jesús el Amado que más necesita? No descuide el anhelo; que Él ha sembrado en su corazón. Atrévase a saltar a sus brazos, como Shannon saltó a los de Dave, con abandono y confianza. Él está esperando escuchar su voz y tocar su corazón con esperanza.

Que hacer mientras espera

En el capítulo anterior mencionamos esperar en Jesús. Confiando en sus evidencias pasadas de fidelidad, conociendo que todas las cosas nos ayudan a bien y creyendo que Él está intercediendo por nosotras durante los tiempos de tardanza que son todos pertinentes para la espera productiva. Pero la creencia equivocada de que es demasiado tarde para nosotras, demasiado tarde para que nuestros sueños se hagan realidad, pueden levantar una pared entre nosotras y nuestro Amado, bloqueando su acción por nuestro bien. Para derribar esa pared, necesitamos por lo menos tomar cuatro pasos.

1. *Sea sincera con Dios*

Cansada, triste y resignada a su estéril suerte en la vida, Sara determinó en algún momento a lo largo del camino que era demasiado tarde para que Dios respondiera sus oraciones. Y por su reacción a la promesa de Dios de un hijo «por este tiempo el año próximo» (Génesis 18.10) ella ha sido difamada en libros y sermones.

Pero para su buen nombre, Sara estaba siendo sincera con Él. «¿Después que he envejecido», ella se rió, «tendré deleite, siendo mi señor también ya viejo?» (Génesis 18.12). Yo creo que ella estaba diciendo, en esencia que: «¡Ah, claro. Ahora que Abraham y yo estamos demasiado viejos para disfrutar una experiencia sexual, con toda su cercanía, Dios viene con su promesa. Esto es gracioso. Obviamente es demasiado tarde para un hijo!»

Sara estaba hablando abruptamente, en la soledad de su tienda, lo que de verdad estaba pensando y sintiendo. Estaba equivocada respecto a lo que Dios podía e iba a hacer, pero al menos fue sincera.

Ha querido usted alguna vez decirle a Dios, «¡es demasiado tarde ahora! Tú has venido con tan poco y tan tarde». Él ya ha visto nuestros pensamientos y conoce nuestros corazones. Nuestra honestidad no lo va a ofender, y es mucho más sano que la callada resignación o que la sublima amargura y desesperación.

¿Confía usted lo suficiente en su Amado para revelarle aún este punto doloroso? Clame a Él. Él la puede escuchar, comprender, consolar y la puede guiar a un terreno más alto.

2. *Examine sus motivaciones*

En su libro *Aventuras en la oración*, Editorial Betania, Miami, Florida, 1976, Catherine Marshall señala un evidente peligro para los cristianos que le piden a Dios que responda una oración: ¿Acaso, brota mi petición de mi egoísta voluntad humana o de la voluntad de Dios? Recuerde la advertencia de

Santiago a los judíos cristianos: «Pedís, y no recibís, porque pedís mal, para gastar en vuestros deleites» (Santiago 4.3)

Catherine Marshall sugirió que nos hagamos varias preguntas que son un buen examen de las motivaciones que hay detrás de cualquier petición:

- ¿Llenarán mis sueños los talentos, temperamento y necesidades emocionales que Dios ha sembrado en mi ser? Esto es fácil de responder. Involucra conocerse a usted misma, la persona real, tal como pocas de nosotras lo hacemos.
- ¿Involucra mi sueño el tomar algo o a alguien que le pertenece a alguien más? ¿Le hará daño esta realización a otro ser humano? Si es así, usted puede estar absolutamente segura que este sueño en particular no es la voluntad de Dios para usted.
- ¿Estoy dispuesta a hacer correctamente mis relaciones con toda la gente? Si conservo resentimiento, envidias, amargura, estas emociones malas, no importa como «se justifiquen», me alejarán de Dios, la fuente de creatividad. Además, no alcanzaré ningún sueño en las vacías relaciones humanas. Aunque lo único que esa relación errónea puede hacer es cortar el canal del poder de Dios.
- ¿Anhelo este sueño con todo el corazón? Los sueños no siempre traen complacencia en personalidades divididas; solamente si el completo corazón está dispuesto a hacer su parte hacia la realización de dicho sueño.
- ¿Estoy dispuesta a esperar pacientemente el tiempo de Dios?
- ¿Estoy soñando en grande? Mientras más grande sea el sueño y más las personas se beneficien, más propenso será el apreciar los infinitos designios de Dios.

A estas preguntas yo agregaría otra parafraseando el penetrante libro de oración de Marshall:

- ¿Estoy dispuesta a renunciar a mi petición, sacando mi voluntad del camino, para que Dios pueda obrar en la forma que Él juzgue conveniente?

3. Busque la Palabra de Dios

Un adicional «chequeo y balance» para asegurarnos de que estamos orando y soñando con la correcta motivación es desarrollar una buena captación de los grandes principios y promesas de la Palabra de Dios. Catherine Marshall señaló que si nuestra petición le hará daño a otro ser humano, es contraria a la voluntad de Dios. El principio bíblico eficaz serían los mandamientos de no tomar o codiciar nada que sea de nuestro prójimo (véase Éxodo 20.15,17) y amar a nuestro prójimo (véase Levítico 19.18).

Así que mientras usted está esperando que Dios actúe en alguna situación particular en su vida, pase el tiempo en forma creativa buscando y aprendiendo la Palabra de Dios. Tenga una meta más grande que simplemente encontrar las promesas que se ajustan a su situación. Siéntese a sus pies mientras estudia, permítale que le enseñe sobre Él mismo, sobre su «gran imagen» y sobre los refinamientos que Él quiere hacer en usted. A menudo Dios hará una obra en nosotras antes de que estemos lista para recibir su respuesta a nuestra petición.

Yo creo que Dios tuvo que cambiar el corazón de Sara antes de que Isaac, el bebé de la promesa a largo tiempo, pudiera nacer. Ella necesitaba estar vacía de sus desabrimientos y perdonar a mucha gente, incluyéndose ella misma. Necesitaba aprender a esperar en el Señor, porque una prueba mayor aún estaba por venir, cuando se le pidió a Abraham que llevara a su único hijo al Monte Moriah y lo ofreciera en sacrificio, devolviéndolo al mismo Único que se lo había dado.

No se ha dicho si antes de que Abraham e Isaac salieran temprano esa mañana Sara sabía de lo que trataba esa misión (véase Génesis 22.3). Pero eso sería extraño. Esperar mientras sabía la prueba de fe a la que Abraham estaba siendo sometido debía ser agonizante. Pero esperar *sin* saber, imaginándose lo que esposo e hijo estaban haciendo y siendo forzada a confiar en la integridad de Abraham y en su propio conocimiento de Dios por los pasados tratos con su familia, debió haber sido, como para la mayoría de las mujeres igualmente duro. Sin importar lo que ella sabía, yo creo que Sara debió haber esperado de una manera diferente en esa ocasión, creyendo que nunca es demasiado tarde para que Dios cumpla sus promesas. Dudo que se haya sorprendido mucho cuando Isaac completamente sano, y su padre regresaron a casa y compartieron con ella el milagro hecho por Dios al proveer un sustituto para el sacrificio (véase Génesis 22.13). Quizás Sara se rió dentro de sí, asombrada de su propia serenidad y dándose cuenta de cuán profundamente había confiado en Yahveh.

Es lo mismo con nosotras cuando tomamos tiempo para sentarnos a los pies de Jesús y aprendemos nuestra lección de su Palabra y de su Santo Espíritu, cada examen fortalece más la fe para el futuro.

4. Nunca trate de «ayudar» a Dios

Probablemente usted recuerda que en la desesperación y ansiedad de Sara para que la promesa de Dios se cumpliera, ella decidió tomar las cosas por sus propias manos. Ella pensó que podía ayudar a Dios. Así que cuando estaba por cumplir sus setenta u ochenta años, Sara siguió una costumbre aceptada dentro de su cultura y le dio su doncella Agar a Abraham como concubina, esperando que un hijo viniera de esa unión (véase Génesis 16.2).

Agar concibió un hijo a quien Abraham llamó Ismael. Abraham y Sara creyeron que ese niño era el heredero de la promesa. Pero este no era el plan de Dios, aunque, hablando legalmente (puesto que Agar le pertenecía a Sara) el niño podía ser considerado de Sara.

No, Ismael no era el hijo prometido por Dios. Él fue el resultado del intento de Sara por cumplir sus deseos (y, de paso, la promesa de Dios) a la manera de ella. El arreglo trajo sufrimiento a toda la familia. Agar, orgullosa de su logro, miraba con desprecio su infertilidad. Sara permitió que el resentimiento se enraizara en su corazón, llegando a odiar a Agar y a Ismael y conspirando para desaparecerlos de su vista, no una sino dos veces. Abraham, por supuesto, sintiéndose como un miserable en medio de todo esto.

Cuando tomamos las cosas de las manos de Dios y las ponemos en las nuestras, a menudo creamos inmensos problemas que solamente ensucian las aguas de nuestras circunstancias. «Ayudar» a Dios nos pone en terreno peligroso. En vez de ser los que arreglan el problema, nos convertimos en parte del problema, y generalmente terminamos interfiriendo y atrasando en realidad en plan de Dios.

Una buena amiga mía descubrió esta verdad difícil de aceptar cuando la más pequeña de sus dos hijas se empezó a rebelar en sus años de adolescencia. Hablé con mi amiga innumerables veces; oramos y buscamos la sabiduría y voluntad de Dios. Pero cada vez que su hija se metía en un problema, mi amiga estaba allí para sacarla de apuros. Cuando la niña hacia promesas falsas de cambiar, la madre le ofrecía dinero sin esperar para ver si los cambios eran sinceros. Una y otra vez ella arremetía como la salvadora, y una y otra vez soportaba la desconfianza de sí misma, la culpabilidad, las promesas rotas y el temor de que su hija se estaba perdiendo completamente.

Por todo este difícil tiempo, yo animaba a mi amiga a que dejara de estar rescatando a su hija, ya que eso atrasa la intervención de Dios en la vida de nuestros hijos mayores. Existe una diferencia entre los temporales actos de bondad de la familia para una o dos necesidades aisladas, y un patrón de facilitarle a un hijo a que se siga rebelando sin consecuencias. Cuando nosotros los padres perdemos nuestra perspectiva en este aspecto y tratamos de ser los salvadores de nuestros hijos, ellos no tienen ningún interés de buscar al Único, al verdadero Salvador, Jesucristo.

Pero mi amiga, como muchos padres, sentía que sus rescates le aseguraban su amor a su hija. Ella tenía temor de comunicarle el mensaje «no me importa lo que te pase».

La verdad es que en un momento preciso nuestros hijos deben enfrentar el resultado de su conducta y decisiones. Nuestra negativa al rescate ofrece un amor mucho más profundo, porque mientras más habitualmente insistimos en rescatar a nuestros hijos, más les tomará a ellos volverse espiritual, mental y emocionalmente maduros.

Después de años de estar rescatando a su hija, mi amiga finalmente escuchó que el Espíritu Santo le estaba mostrando que, como Sara, ella había tratado de ayudar a Dios. Durante una reciente conversación ella me dijo: «Yo no la voy a rescatar más, Jan. ¡Eso ha terminado para mí!»

Yo estaba emocionada y llena de esperanzas. Yo sé que Jesús ama a su hija, y ahora mi amiga le está dando a Él la libertad de ayudar a que llegue al final de su propios recursos financieros y fuentes emocionales. Mientras continúa ofreciendo oración y apoyo moral, mi amiga puede permitirle a Dios que se encargue de la situación.

Cuando cometemos el error de «ayudar» a Dios, solamente prolongamos nuestra espera a la maravillosa respuesta de Él a nuestras necesidades.

Nuestro Amado siempre está a tiempo

Una vez que hemos creído en Jesús y en sus promesas, no debemos conformarnos otra vez con la incredulidad. Sara se ajustó a su infertilidad y, aunque se quejó sobre eso, lo aceptó como un patrón normal en su vida.

Nosotras podemos acomodarnos tanto con el mal funcionamiento en nuestras vidas y la de aquellos de nuestros familiares, que paramos de buscar respuestas de nuestro Amado. Podemos crecer acostumbradas a nuestras vacilaciones y desfallecer para pedir perdón y liberación. Nos desanimamos esperando a que Dios actúe para que la incredulidad se vuelva una forma de vida. Pensamos profundamente en nuestros espíritus que es demasiado tarde, y hacemos viva esta creencia en nuestros pensamientos, palabras y acciones.

Mi amiga Alicia, la bailarina, buscó a su Amado durante el fin de semana que pasamos en el retiro de mujeres. Ella colocó delante de su trono la realización de sus días de danza y su enseñanza a los pequeños que estaba por terminar, y le dijo que estaba dispuesta a ser su sierva en el papel que Él le tuviera ahora. Ella tenía fe de que no era demasiado tarde para que Él cumpliera sus propósitos en su vida en esta nueva etapa.

Hoy Alicia ofrece su vastos conocimientos a otros bailarines quienes enseñan danza. Me dijo que como consejera encontraba muchas más puertas abiertas para compartir su fe en su Amado de lo que había experimentado antes. Hermosa y segura, ella está confiando en Jesús para prosperar en esta nueva etapa de su vida.

Nunca es demasiado tarde para nosotras cuando pertenecemos a Jesucristo. Nunca es demasiado tarde para que nuestro Amado nos muestre nueva dirección y propósito. Nunca es demasiado tarde para que Él cumpla sus promesas en nuestras vidas y las vidas de aquellos que amamos. Efectivamente, Él está a tiempo.

¿Qué cosa «imposible» anhela usted? ¿Glorificará eso a Jesús? ¿Ha buscado su Palabra? Coloque ante Él sus sueños. Él está esperando tomarla e impartirle esperanza. Nuestro Amado siempre está a tiempo.

Oración

Precioso Amado, ¡esperar es tan difícil para mí! Quiero que mis sueños y esperanzas se cumplan ahora. Por favor perdona mi impaciencia y ayúdame a ser sincera contigo. Alumbra mi corazón mientras busco tu Palabra y examino mis motivaciones.

¡Y por favor recuérdame que tú no necesitas mi intromisión!

Querido Jesús, confío en tu fidelidad e integridad. Ayúdame a saber que tú siempre estás a tiempo. Gracias por lo que estás preparando para mí. Amén.

PARTE 3

AMEMOS AL ÚNICO QUE NOS AMA

11

Amemos a través de la alabanza

En el capítulo 5 hablamos de Lea, quien aprendió después de muchos años a confiar en Dios como su Amado y la fuente de su autoestima. Su historia de inseguridad y significado (y de interior renovación, fortaleza y propósitos) también puede ser nuestra historia. Pero el relato de Lea nos muestra otro maravilloso trozo de verdad mientras caminamos permitiéndole a Jesús que sea nuestro máximo Amado. Lea no solamente aprendió a tomar de su Amado, sino también aprendió una manera importante en la cual pudo darle y amarlo en respuesta.

Recuerda que Lea tuvo cuatro hijos, cuyos nombres representaron el nivel emocional de ella cuando nacieron. El primero nació cuando Lea estaba luchando poderosamente en sus relaciones con su esposo, su hermana y Dios. Pero Lea llamó a su último hijo Judá, que significa «alabanza» o «alabanza a Dios». Su completo estado en Génesis 29.35 fue: «Esta vez alabaré a Jehová». ¿Qué quiso decir ella?

Las palabras de Lea fueron definitivamente una declaración de intento por cambiar su patrón al buscar autoestima a través de su esposo, hijos y logros. Finalmente vio que solamente su Amado, Dios, podía ser su completa e impecable fuente de autoestima.

Pero el estado de Lea tenía un sentido más profundo. Yo creo que el descubrimiento de Dios como Amado, y lo que significaba su nuevo conocimiento del aprecio de Él, le hizo decidirse a darle el honor y la exaltación de su alma por medio de la alabanza.

¿Qué es alabanza?

Si usted es una nueva creyente en Jesús y acaba de empezar a participar en la familia de Dios, la palabra *alabanza* puede sonarle a iglesia y pasada de moda. «Alabanza al Señor» puede ser una frase usada por gente que usted creyó que era fanática, y le provoca una sensación rara. ¿Simplemente qué es esta cosa llamada alabanza?

Aun si usted ha sido cristiana por largo tiempo, puede que todavía no sepa lo que realmente es alabanza. Tal vez es una de esas palabras «cristianas» de moda que usted adoptó de sus padres o de alguien en la iglesia, pero nunca ha estado segura de lo que eso significaba o como hacerlo. El tiempo pasa y cada uno asume su «usted lo entiende», de modo que usted se siente avergonzada de admitir su ignorancia.

En cualquiera de los casos, ¡usted es parte de una gran multitud dentro del Cuerpo de Cristo! Muy pocos cristianos comprenden verdaderamente lo que significa alabar a Dios, mucho menos lo que nuestra alabanza significa para Dios. Así que si estamos para hacer de la alabanza una manera de amar a nuestro Amado, necesitamos examinar tanto la palabra *alabanza* y lo que la Biblia nos dice al respecto.

The American Heritage Dictionary [Diccionario de la Cultura Americana], define *alabanza* como «una expresión de una cálida aprobación o admiración; fuerte recomendación». La Biblia aclara que ¡Dios quiere nuestra cálida aprobación y admiración! Efectivamente, el Salmo 22.3 nos dice que Él habita en ella, o que está «sobre el trono» de las alabanzas de su pueblo. El salmista David frecuentemente le ordenó a los israelitas (y a nosotros, sus descendientes espirituales) a ofrecer alabanza a Dios. «Poned gloria en su alabanza» dijo él en el Salmo 66.2.

Otra exhortación de David: «Entrad ... Por sus atrios con alabanza» (Salmo 100.4) identifica la alabanza como el significado de entrar a la presencia de Dios. (Hablaremos de eso después). El mismo David, quien tenía una amistad muy cercana con Dios, había aprendido que era «bueno cantar salmos a nuestro Dios» (Salmo 147.1).

La alabanza deleita el corazón de Dios

David también hizo el interesante comentario que la alabanza «es volverse a lo recto» (Salmo 33.1; véase también el Salmo 147.1). La alabanza nos hace lucir bien ante los ojos de Dios! Y por supuesto, le deleita.

Un sinnúmero de personajes bíblicos hicieron de la alabanza a Dios una norma en sus vidas, y deleitaron al Poderoso en el proceso. Moisés, el proclamado libertador del pueblo de Dios de Egipto, alabó a Dios cuando pasó a salvo a la multitud por tierra seca a través del Mar Rojo y el Faraón fue derrotado: «Jehová es mi fortaleza y mi cántico, y ha sido mi salvación. Este es mi Dios, y lo alabaré; Dios de mi padre, y lo enalteceré» (Éxodo 15.2). La hermana de Moisés, María, tomó un tamborín y cantó: «Cantad a Jehová, porque en extremo se ha engrandecido; Ha echado en el mar el caballo y al jinete» (v. 21).

Aun Daniel, siendo un forastero cautivo en Babilonia y estando en una situación precaria, nunca dejó de alabar al Dios que se había mostrado fiel. Jeremías y Joel también hablaron de un tiempo futuro de la restauración para el pueblo escogido de Dios, cuando adoraron a Dios una vez más y lo honraron con corazones puros.

Jesús agregó la riqueza de las referencias bíblicas sobre la alabanza cuando recitó el Salmo 8.2: «De la boca de los niños y de los que maman perfeccionaré un lugar de alabanza» (Mateo 21.16, The Message). ¡Dios desea tanto la alabanza que Él hará que se efectúe! Lucas 10.21 señala que Jesús «se regocijó en el Espíritu». La palabra ilustrada del original Griego indica que ¡Él saltó de alegría! La alabanza puede ser discreta o expresiva, privada o pública.

En Hechos 16 leemos la historia de Pablo y Silas cuando alababan a Dios en una celda de la cárcel en Filipo. Aparentemente ellos no estaban alabando a Dios calladamente, porque el versículo 25 nos dice que «los presos los oían». Efectivamente, ¡ellos pudieron haber estado levantando el techo!

Gloria a Dios: glorioso, atractivo, expresivo, gozoso, algunas veces discreto y otras fuerte. ¿Cómo no querer agradar a nuestro Amado diciéndole que pensamos que Él es grande?

La alabanza nos mantiene la vista en Jesús a pesar de las circunstancias

Una simpática y rebosante joven llamada Dale, en cuya boda canté y toqué la guitarra, me llamó desesperada un día para decirme el resultado de una biopsia: el descubrimiento de un abultamiento maligno en el pecho.

Había visto a Dale crecer espiritualmente en una clase de Escuela Dominical que dirigía, disfrutaba de su inocencia, y determinación de caminar con Jesús. Con cada año de madurez, por el poder del Espíritu Santo, ella había hecho a Jesús el Amado de su vida en un nivel muy profundo. Ahora estaba pidiéndome oración.

A Dale le encantaba alabar a Jesús, ya fuera en casa, en el carro con cintas de alabanza o en la iglesia con su familia cristiana. Durante esta crisis ella no permitió que nada disminuyera su deseo de darle a Dios su aprobación y admiración. De vez en cuando ella me llamaba y me decía, «Jan, debo reunirme con otras para alabar a Jesús». Me recordó a David en el Salmo 22.22: «En medio de la congregación te alabaré».

Así Dale, su esposo y muchos otros cristianos se reunían alrededor del altar de nuestro santuario, graduaban las luces más bajo y adoraban y alababan a nuestro Amado. Dios nunca falla al venir a habitar en esos momentos de adoración. Vimos de una manera maravillosa como dicha alabanza corporal trajo profundo gozo y paz, no solamente a Dale en su crisis sino también a todo el resto.

Lo que Dale aprendió a través de nuestra adoración en grupo fue que alabar a Jesús mantiene nuestros ojos en Él. Cuando nos reuníamos, su fe se incrementaba, su esposo se fortalecía y ambos eran capaces de continuar en su difícil viaje. Todos los que nos reunimos con Dale a alabar (y después a agradecer cuando ella fue remitida) nos dimos cuenta de que nuestros ojos se habían ido de la tragedia del cáncer hacia el amor del Único que nunca nos fallaría, quien estaba allí para sostenernos de cerca. Adquirimos un nuevo gozo de pertenecerle a Él, a la realidad de estar concectados a Él y de mantener nuestros ojos en la fuente correcta.

La alabanza nos ayuda a captar lo infinito

La alabanza tiene una forma de trascender el presente y ponernos en los lugares celestiales. Efesios 2.6 nos dice que nuestra posición con Dios por medio de nuestra relación con su Hijo «nos hizo sentar en los lugares celestiales con Cristo Jesús». Los teólogos llaman a esto la realidad *de posición* de nuestra fe. Significa que sin importar como nos sentimos, estar sentados con Cristo en los cielos es sin discusión parte de nuestra herencia como cristianas. El resultado de la muerte de Jesús en la cruz.

Pero esto significa más. Yo creo que con la ayuda del Espíritu Santo podemos empezar a experimentar los lugares celestiales ahora, mientras todavía estamos en la tierra. Capturamos esta anticipación de muchas maneras, y la alabanza es una de las más gloriosas. La verdadera alabanza nos da una continua apreciación del infinito y soberano Dios que adoramos. Nos pone dentro de una completa unión con la realidad de su poder y majestad.

Mi amiga Dale experimentó esto. Unos pocos años después de su triste primera llamada, supimos que el cáncer le había vuelto otra vez. Con el tiempo le quitaría la vida. Pero así como ella lo había hecho anteriormente, Dale insistió en admirar y adorar a su Amado. Tuvimos muchas conversaciones respecto a las cosas íntimas que Él le mostró mientras lo alababa y adoraba cada día. La voz de Dios se hizo clara para ella. Su ánimo era interminable, ofreciéndole una profunda ministración en su punto doloroso. Ella estaba enamorada de Él de una manera que solamente otra persona enamorada puede entender. Esto unió la brecha entre el horrible dolor en su vida y la realidad del infinito Dios quien está más allá de las limitaciones de tiempo y lugar.

Yo creo que cuando Dale vio a Jesús cara a cara, esto no fue el primer vislumbre de su Amado. Ella ya lo había visto y conocido en los lugares celestiales a través de la alabanza.

La alabanza es una actitud

La alabanza es una actitud del corazón y la mente. Alcanza la maravilla y majestuosidad de Dios. Nos ayuda a cambiar los patrones de reflexión y nos coloca los ojos en el Único que es capaz de hacer todas las cosas. Una actitud de alabanza siempre restaura una correcta perspectiva de la vida. La alabanza rompe el control de la desesperación de nuestros fallados sueños, de la esclavitud, de la pérdida de autoestima y de la mezcla de prioridades que nos han embargado. El resultado: una confianza nueva y resguardo en nuestro Amado y en su habilidad de ser nuestro todo en todo.

Las actitudes no se desarrollan instantáneamente; necesitan ser cultivadas. Es fácil de decir después de leer la carta de Pablo en el Nuevo Testamento, que él vivió en una actitud de alabanza. (Es por eso que la alabanza parecía una cosa normal de hacer, ¡aun en una cárcel en Filipo!)

También Dale vivió en una actitud de alabanza y su Amado la honró por eso, haciéndole posible levantarse sobre la furia de la enfermedad y de la temprana muerte para bendecir a otros con su logro. Una vez, mientras ella estaba pasando por la quimioterapia, supo que yo estaba teniendo problemas con la espalda, y me envió algo de comida a casa. Yo me maravillé de su habilidad de cuidar por otros cuando ella también estaba sufriendo.

El domingo antes de que Dale muriera, yo estaba en su casa sirviendo la Santa Cena. Ella casi no podía tragar los alimentos y no podía hablar. Aun así ella me apretó la mano y me sonrió cuando oré por ella. Yo fui atravesada por su expresión y por el resplandor alrededor de ella. Estaba envuelta en el amor de Jesús y en su decisión de hacer de la alabanza a Él una vida de actitud que fue evidente hasta el final.

La alabanza desata el poder de Dios

Veamos de nuevo la historia de Pablo y Silas en la cárcel. Muchas de nosotras ponemos en primer lugar orar por la liberación de nuestras ataduras, o nos quejamos de que Dios haya permitido determinada situación. En vez de eso, Pablo y Silas alabaron a Dios con gusto haciendo que el edificio temblara completamente. Las cadenas de los prisioneros se desataron y todas las puertas de la cárcel se abrieron. Pablo y Silas fueron sacados por el carcelero y esa noche él y toda su familia creyeron en Cristo.

Esto es un hecho: La alabanza desata el poder de Dios en formas que nunca nos hemos imaginado. Esta no es la *razón* por la que alabamos; alabamos porque le da placer a nuestro Amado vernos enfocadas en Él y no en nuestros problemas. Pero ya que Dios no violará nuestro libre albedrío o empujara su manera a nuestras vidas, el mismo acto de la alabanza le dice a Él que estamos quitando las manos de nuestras circunstancias y dándole a Él permiso para manejar nuestras necesidades por su cuenta, una manera infinitamente mejor.

La alabanza derrota al enemigo

Esta es una consecuencia cercana al último principio. Uno de los más emocionantes ejemplos de esta verdad se llevó a cabo cuando el rey Josafat de Judá se estaba enfrentando con un gran ejército enemigo. «Josafat tuvo temor» (2 Crónicas

20.3). Pero en vez de llamar a sus ejércitos para que estuvieran alertas, él reunió todos sus argumentos y procedimientos y expuso la grandeza de Dios y su fidelidad hacia su pueblo Israel. La Biblia dice que el Espíritu Santo cayó sobre un hombre joven dándole la palabra de ánimo que Josafat estaba esperando:

> No temáis ni os amedrentéis delante de esta multitud tan grande, porque no es vuestra la guerra, sino de Dios. Mañana descenderéis contra [el enemigo]... No habrá para que peleéis vosotros en este caso; paraos, estad quietos, y ved la salvación de Jehová con vosotros. Oh Judá y Jerusalén, no temáis ni desmayéis; salid mañana contra ellos, porque Jehová estará con vosotros.
>
> 2 Crónicas 20.15-17

En este momento no solamente todos creyeron que las palabras eran de Dios, sino demostraron su confianza (alabándole, agradeciéndole y adorándole) de que su promesa se haría realidad.

> Entonces Josafat se inclinó rostro a tierra, y asimismo todo Judá y los moradores de Jerusalén se postraron delante de Jehová, y adoraron a Jehová. Y se levantaron los Levitas ... para alabar a Jehová el Dios de Israel con fuerte y alta voz.
>
> 2 Crónicas 20.18,19

Fue una reacción sorprendente, humanamente hablando, cuando uno analiza lo que ellos estaban por enfrentar. Aunque lo que pasó después es la mejor parte de historia. El siguiente día, antes de la batalla, el rey Josafat «consultó con el pueblo [y] puso a algunos que cantasen y alabasen a Jehová, vestidos de ornamentos sagrados, mientras salía la gente armada, y que dijesen: Glorificad a Jehová, porque su misericordia es para siempre».

> 2 Crónicas 20.21

Debió haber sido un gran espectáculo ver al coro de alabanza afuera en frente de los soldados, ¡marchando hacia el enemigo, cantando y alabando con todas sus fuerzas! Dios honró su alabanza y obediencia:

> Y cuando comenzaron a entonar cantos de alabanza, Jehová puso contra los hijos de Amón, de Moab y del monte de Seir, las emboscadas de ellos mismos que venían contra Judá, y se mataron los unos a los otros. Porque los hijos de Amón y Moab se levantaron contra los del monte de Seir para matarlos y destruirlos; y cuando hubieron acabado con los del monte de Seir, cada cual ayudó a la destrucción de su compañero.
>
> 2 Crónicas 20.22,23

Dios honró la confianza de los israelitas, poniendo a los soldados del enemigo en tanta confusión que terminaron matándose unos a otros. Así como Dios lo había prometido, los israelitas no tuvieron que pelear y su nación estuvo a salvo.

Algunas veces los ataques del enemigo no son tan evidentes. A menudo, cuando estoy cerca de un avivamiento o conferencia, o aun al final de un día en casa, me siento desgastada y sin vida. He escuchado muchas historias que me rompen el corazón, historias de relaciones destrozadas, promesas incumplidas, indisposición de la gente para permitirle a Jesús que intervenga en sus vidas y los regrese a la plenitud. Respondo carta tras carta de mujeres fieles suplicando con vehemente oración para que las sostenga en el dolor y la angustia por la que están atravesando. Escucho, aconsejo y trato de ayudar lo mejor que puedo por la gracia de Dios, pero reconozco la necesidad de envolver todas estas cargas sobre Jesús antes de que la noche termine para que Satanás no me agobie con los sufrimientos del día.

Yo puedo estar con fe, de pie ante la gente y presentar cada una de sus necesidades de oración. Puedo creer en las promesas de Dios para ellos. Puedo trabajar en las riquezas de su Palabra hacia sus espíritus. Pero no puedo sostener sus cargas.

¿Qué hago? Me voy al cuarto, tomo mi guitarra y me subo a la cama. Luego empiezo a alabar y adorar al Amado de mi vida, algunas veces con himnos suaves o coros de adoración, algunas veces en voz alta, cantos vigorosos de poder y victoria. Él es el Único que tiene todo el poder y sabiduría para suplir cada necesidad. Él es el Único que ve el fin desde el principio y tiene un plan para cada vida que ha tocado la mía ese día. Me pongo en contacto con Él y recibo su suave bálsamo sobre mi punto doloroso.

Necesito la renovación que viene de la alabanza. Cuando me enfoco en alabar su grandeza, majestad y amor, siento un hilo de su poder y presencia conmigo, rodeándome con el esplendor y la belleza de su santidad. Puedo soltar sobre Él las cargas de todo lo que he visto y escuchado, sabiendo que en este tiempo de alabanza y adoración, estoy ofreciendo intercesión por ellas en un nivel más profundo del que mis palabras pudieran trasmitir. La alabanza me ha traído paz y libertad. Ya no estoy desgastada y vulnerable al enemigo. Estoy llena de la presencia de Jesús.

La verdad de este principio de alabar no puede ser sobre predicado o sobre enseñado. Cuando le pertenecemos a Jesucristo y lo hemos hecho nuestra fuente, las batallas son de Él, no nuestras. La alabanza derrota al enemigo. Lo hizo en los tiempos de Israel, y lo hace hoy día.

Diferentes clases de Alabanza

Mucha gente no sabe que las palabras *alabanza*, *bendición* y *gloria* en la Biblia tienen diferentes significados y propósitos. A menudo traducimos una palabra como *alabanza* que tiene varios significados. La palabra *barak*, por ejemplo, significa una forma de alabar que conlleva reverencia, adoración y bendición a Dios en una forma profunda, a menudo suave. El Salmo 100.4 usa esta específica palabra: «Entrad por su puertas con acción de gracias, por sus atrios con alabanza». Esta forma de alabanza es probablemente la más familiar para nosotras. (En realidad, muchas de nosotras solo conocemos esta forma de alabar.) Venimos a la casa de Dios con reverente alabanza. A

menudo en nuestros momentos devocionales, venimos calladamente en honor a su nombre.

Otra palabra hebrea para alabanza es, *shachah,* que significa postrarnos o agacharnos en adoración. Esta es una forma de
alabar de rodillas. Cuando vamos al altar de la iglesia, estamos
alabando a Dios de esta manera. En 2 de Crónicas 20.18, donde el rey Josafat inclinó su cabeza y su rostro a tierra y alabó a
Dios, esta es la palabra usada. Él se estaba humillando a sí mismo ante Dios, como lo hacemos cuando nos arrodillamos.

Si yo hiciera un estudio de la mayoría de los cristianos, estas dos formas de adorar serían las usadas más a menudo. Sabemos que Dios es santo, y queremos entrar a su presencia y
alabarle en admiración y reverencia. Y a veces sentimos la necesidad de postrarnos o arrodillarnos delante de Él. Pero hay más
palabras que significan alabar o bendecir o dar gloria a Dios
que tal vez no conozcamos.

La palabra hebrea *shabach* significa alabar en un tono alto
y aclamar fuertemente su gloria. Esta alabanza también le agrada a Dios. Hay momentos en que debemos arrodillarnos o venir calladamente a alabar a nuestro Rey, ¡y hay momentos para
gritar su excelencia y grandeza!

La palabra *zamar* significa alabar a Dios con instrumentos.
También esto es agradable a Dios. Los domingos por las mañanas cuando nos reunimos en la iglesia, el preludio quiere decir
mucho más que tener música mientras nos acomodamos. Es
una forma de alabar a Dios con un instrumento, y está diseñado
para que nos enfoquemos en el Señor y preparemos nuestros
corazones para alabarle correctamente. El Salmo 150 usa esta
expresión cuando habla de alabar a Dios con trompeta, arpa,
instrumentos de cuerda, salterios y címbalos. Todos estos y
muchos más son dedicados para dar gloria a Dios y darle honra
a su nombre.

Algunas personas están familiarizadas con la palabra *halal,*
que también es una palabra para alabar. De esta obtenemos
nuestra palabra en español Aleluya. Significa jactarse, hacer
una exhibición, ¡aun ser ridículo en nuestra adoración! ¿Ha escuchado usted algún grito, «¡Aleluya!» cuando el pastor exalta

a Dios con un énfasis en su sermón? Algunas personas pueden avergonzarse de este arranque, pero si es una forma de alabar de corazón, un corazón lleno de gozoso acuerdo, entonces a Dios le agrada y le bendice. En 2 de Crónicas 20.19 se usa esta palabra cuando dice que los levitas se levantaron para alabar a Dios con fuerte voz.

La palabra *Thillah* está cerca del significado de *Halal*. Esta también quiere decir fuerte, jactarse o desvariar sobre el Señor. ¿No es maravilloso que podamos desvariar sobre nuestro gran Dios y Salvador?

Otras palabras usadas en la Biblia muestran diferentes expresiones de alabanza. Una más es *yadah,* que significa alabar a Dios con las manos extendidas, o con las manos abiertas; e implica confesión o reconocimiento. Cuando usted se para a dar un testimonio a Dios de su propio corazón y experiencia, esta es la clase de alabanza que usted le ofrece a Él. O si usted levanta una mano durante la adoración, o abre sus palmas para expresar amor o reverencia, esto es adorar *yadah.* Este es el último ejemplo que fue usado en Génesis 29.35 cuando Lea hizo su declaración delante de Dios. Ella pudo haber levantado la mano al cielo cuando hizo esta declaración de confesión y reconocimiento, o no. Pero la palabra *alabanza* aquí quiere decir reconocer. ¡Cuán apropiado! Lea había decidido alabar a Dios. Fue una decisión, una confesión y un reconocimiento de hacer de Él su fuente.

Seis maneras de «practicar» la alabanza

La alabanza no está incluida en nuestros servicios los domingos por la mañana para llenar tiempo o estimularnos antes del sermón. En primer lugar esa es la principal razón por la que nos reunimos. La alabanza y adoración a nuestro Rey y Salvador son únicas. Hemos venido a su casa a honrar y glorificar su nombre.

Es lo mismo en nuestros momentos de adoración privada, cuando escogemos la mejor parte y nos sentamos a los pies de Jesús. Cuando alabamos y adoramos con todo nuestro ser, pensando en el centro de nuestro afecto, permitiendo que la adoración nos quite las preocupaciones del día, exaltándolo en nuestros corazones, nos hacemos más receptivas a su voz. Él nos sumerge en su grandiosa presencia mientras nos rendimos en alabanza.

Jesús le dijo a la mujer en el pozo que «los verdaderos adoradores adoran al Padre en espíritu y verdad; porque también el Padre tales adoradores busca que le adoren (Juan 4.23). Dios quiere que le adoremos con un gozo entregado y con corazones unidos, con motivos puros y con el anhelo de honrarlo.

¿Necesita usted una vida más concentrada en alabanza para su Amado? Cuando usted está aprendiendo por primera vez cómo alabarlo, puede empezar a practicarlo en su tiempo a solas con Él. Una vez que está preparada alabándolo privadamente, será capaz de hacerlo en cualquier lugar. A continuación encontrará seis maneras de realizarlo:

1. Quite los obstáculos

Pídale a su Amado que le ayude a quitar cualquier obstáculo. Los obstáculos pueden impedir que sus tiempos de alabanza le agraden a su Amado y le den gozo a usted. Estos obstáculos incluyen:

Una falta de prioridad. Asegúrese que su voluntad esté completamente unida mientras alaba. De forma deliberada aparte de su agenda del día las noticias de la mañana o lo que sea que le esté impidiendo la calidad del tiempo con Jesús.

Pecados no confesados. Los pecados no confesados no simplemente se alejan; bloquean nuestra comunión y unidad con Jesús. Podemos buscar explicaciones, disculparlos o negarlos, pero solamente la confesión trae perdón y un camino claro para la comunicación entre nosotras y nuestro Amado. No confesar los pecados hará que su alabanza y adoración sean actos inútiles. Si usted tiene duda de que algo le esté impidiendo su comunión con Él, pídale al Espíritu Santo que le muestre cualquier sutil pecado, actitud o intención. Su palabra en usted tocará la específica maldad; no vendrá como una incierta necia culpabilidad.

Un corazón rendido. Nuestra vida con Jesús comienza con una gran rendición cuando lo aceptamos dentro de nuestras vidas, pero continúa con nuestras diarias rendiciones mientras le permitimos que Él sea el Señor. Llene su corazón y pensamientos con Él cada día y pídale al Espíritu Santo que examine cada manera en las cuales su rendición ha sido dividida o comprometida.

Oposición de Satanás. Debemos recordar constantemente que estamos en una batalla espiritual cuando pertenecemos a Jesús. Satanás a menudo usa la distracción o el desánimo para alejarnos del tiempo con nuestro Amado. Necesitamos estar conscientes de sus tácticas y dispuestas a someternos a Dios y resistir al enemigo (véase Santiago 4.7). Recuerde que tenemos autoridad en el nombre de Jesús para decirle al enemigo que se aleje.

Constantes interrupciones. Trate de escoger un momento y lugar en donde usted sepa que puede pasar el tiempo sin interrupciones con su Amado. Desconecte el teléfono, y si su mente sigue recordando las cosas que necesita hacer, escríbalas así no pensará más en ellas. Cuando vengan las interrupciones, no permita que estas la alejen completamente. Sea persistente.

Falta de esperanza. No venga con dudas a la presencia de Dios, pensando que este tiempo de alabanza va a ser aburrido. Venga con esperanza de disfrutar su tiempo con Jesús. Y espere que Él disfrute estar con usted.

2. Esté callada delante de Él

Una vez que todos los obstáculos ya no están, venga a la presencia de Jesús calladamente. No hable; piense en su belleza y amor, y deje que Él toque su espíritu. La música de alabanza puede ayudarle a concentrarse, pero permita algunos momentos de completo silencio.

3. Exprese su afecto

Dígale a su Amado lo que siente usted por Él. Nunca tenga miedo de derramar en Él su afecto. Piense en algún ser querido a quien usted ama profundamente, un esposo, hijo, abuela. ¿En qué manera se le hace natural a usted expresar sus sentimientos hacia esa persona? Ahora use algunas de esas mismas expresiones familiares para empezar a alabar a Jesús.

4. Piense en su grandeza

Deje que el Espíritu Santo le ayude a pensar en la grandeza de su Amado. Medite en un pasaje bíblico sobre su majestuosidad, su poder o de alguna acción grande que Él haya hecho por algún personaje bíblico, o por usted misma. No hay necesidad de correr; absorba cada verdad y déle gracias expresamente por lo que es Él y por lo que ha hecho por usted.

5. Tome descansos de alabanza

Piense en Él a lo largo del día y recuérdese a sí misma de su presencia. Cante una canción para Él en su camino al trabajo o mientras limpia su casa o cuida a sus hijos. Comparta sus alabanzas con sus pequeños, hábleles en forma natural sobre su bondad y las cosas que Él hace para que nuestro mundo sea un lugar maravilloso. Usted no estará solamente practicando su propia alabanza, sino estará enseñándoles que la alabanza puede venir de nuestros pensamientos, de nuestros labios o de nuestro servicio a Jesús. Está entrelazada con lo que somos.

6. Pase un día con Jesús

Por último, mientras usted está desarrollando más tranquilidad al alabar a Jesús, separe un día y páselo con Él. Para ese día yo le ofrezco algunas sugerencias:

Piense que Dios no ha olvidado todas sus necesidades y las necesidades de aquellos por quien usted está intercediendo. Póngalas ante Él y acérquesele solamente con alabanza; no haga peticiones excepto por su presencia y compañía.

Tal vez querrá comenzar con agradecimiento por todo lo que ha hecho por usted, y luego pasar a la alabanza. El Salmo

100.4 dice que estamos para «entrar por su puertas con acción de gracias; y sus atrios con alabanza». Esto nos da una imagen hablada del templo de Salomón, con las puertas en las afueras pero los atrios adentro, cerca del lugar Santísimo. ¿Lo ve? Estamos para entrar a su presencia con acción de gracias, pero nos atrevemos a profundizar en sus atrios, más cerca de su corazón, con alabanza. Podemos por lo general pensar en las muchas cosas que debemos agradecerle a Jesús, pero alabar va más adentro de lo que es Él, concentrándonos en su naturaleza, su majestad y su dignidad. Coloque su espíritu en su gloria y esplendor. Traiga sus atributos o su carácter peculiar a la mente, y deje que cada uno le traiga a usted dentro de un conocimiento más profundo de su amor por usted.

Separar un día con Jesús le ayudará a adueñarse de la verdad de que su gran Amado, el Hacedor del universo, el omnipotente Gobernador de los cielos, la ama y disfruta estar con usted. Usted puede atreverse a alabarle con todo su corazón, porque Él le revelará a usted que es más que capaz de ser todo lo que usted necesita. Jesús, su Amado, es suficiente. ¡Deje que su gozo y espíritu se remonten!

Aprender a alabar nos prepara para el cielo

Un día nos vamos a unir a la multitud del cielo quienes están rendidos en alabanza, entregados y adorando. Si hemos aprendido a alabar a nuestro Amado aquí, nos sentiremos en casa. Alabar en el cielo será una perfecta extensión de lo que empezamos con Él durante nuestras vidas en la tierra.

Aun ahora, mientras nos damos cuenta de nuestra integridad en Él solamente y lo hacemos digno de nuestra alabanza, podemos entender la magnitud de la gloria de nuestro Amado en estas palabras del Salmo 113.1-3:

> Alabad, siervos de Jehová, Alabad el nombre de Jehová. Sea el nombre de Jehová bendito. Desde ahora y para siempre. Desde el nacimiento del sol hasta donde se pone. Sea alabado el nombre de Jehová.

En el siguiente capítulo, vamos a ver nuevas maneras de amar a nuestro Amado.

Oración

Precioso Jesús, mi Amado y Redentor, exalto tu santo nombre. Fluyo con olas vertientes de gratitud y adoración. Tu gracia y misericordia me inundan, y tu fuerza y poder avivan mi alma. Pertenezco al Creador del universo, y en ti mi vida encuentra sentido.

¡Cuánto te alabo, Señor! Te adoro con todo lo que hay en mí. Deja que mi himno de alabanza te bendiga, Oh Santo. Que mi adoración agrade tu corazón y me conecte contigo en una manera más profunda. Te amo más de lo que las palabras puedan decir. Amén.

12

Amemos a través de la disciplina espiritual

Jeannette era ya adulta cuando le entregó su vida a Jesús. Yo tuve el privilegio de orar con ella el día que comenzó su camino con su Amado. ¡Ella me dijo que había estado esperando por esta clase de relación toda su vida! Jeannette abrazó a Jesús con todo su ser y tomó la determinación de hacer su caminar con Él la más alta prioridad. Cada vez que veía a Jeannette y a su esposo, yo podía decir que ella estaba creciendo más y más en el amor de Jesús.

Luego, varios años después de que ella conoció a Jesús, experimentó una prueba que podía haber vencido a su fe. Llegó una noche en forma de una abrumante llamada telefónica. La hermana de Jeannette, que vivía en una gran ciudad del norte y por quien Jeannette oraba fielmente, había sido asesinada aparentemente por su novio con quien vivía. Ellos estaban drogados en el momento del hecho. La policía tenía al novio en custodia y le pidió a Jeannette que fuera a reconocer el cadáver.

Presentarse en la morgue de la ciudad luego de ver los restos de un ser querido después de una violenta muerte es un trauma indescriptible. Pero luego que Jeannette se encargó de los arreglos necesarios, buscó a las autoridades, les expresó su preocupación por el joven que había cometido el asesinato y les pidió verlo si se lo permitían. A ellos les sorprendió que ella se preocupara por él, pero no le negaron su petición.

Después, Jeannette regresó a casa y junto a su esposo comenzaron a orar por el asesino. Le pidieron a Jesús que los ayudara para poder hacer una carta informándole al muchacho que ella lo había perdonado. La última porción de la carta iba a incluir su propio testimonio de la fe en Jesús.

Asombrosamente Jeannette hizo amistad con el muchacho y las cartas iban y venían. Jeannette le pudo enviar una Biblia a la cárcel. Por último ella y su esposo tuvieron el gozo de guiar a este joven a la salvación por medio de Jesucristo. Aunque él había sido sentenciado a cadena perpetua, ahora tenía la esperanza de Jesús.

Jeannette había llegado profundamente a la unión con Jesús, la cual estuvo dispuesta a buscar. Como resultado de hacer a Jesús su Amado, ella no tuvo lugar para el resentimiento o la amargura. Cuando vino la crisis, esas emociones habían sido limpiadas y reemplazadas con una luz en sus ojos y gozo en su rostro. Moldeándose diariamente a la imagen de su Salvador, ella pudo mostrarle al asesino de su hermana la misericordia, el perdón, el cuidado y la abnegación que Jesús le había mostrado a ella. Y eso hizo toda la diferencia en el mundo de una persona a quien ella tenía todo el derecho, hablando humanamente, de despreciar. Su vulnerabilidad hacia el amor de Jesús la había cambiado profundamente.

Amar a nuestro Amado toma determinación y disciplina

Si vamos a suplir el diario afán como también las crisis de nuestras vidas con la gracia, la paz y el amor de Jesús, necesitamos (como lo dije en el capítulo 8) estar sentadas a sus pies con regularidad, así la personalidad de nuestro Amado se entrelazará con la nuestra. Como en cualquier relación, venir y estar cerca de Jesús toma la determinación de invertir tiempo y esfuerzo. Necesitamos estar muy comprometidas con Él para que esta relación venga primero, sin importarnos nada más. Luego encontraremos muchas maneras para acercarnos más. Al conocerlo, Él también se acercará a nosotras.

Hacer de la relación íntima con Jesús nuestra más alta prioridad no solo toma determinación sino disciplina. Muchas otras cosas (la mayoría admirables y otras no) compiten por nuestra atención. Pero no hay desvíos hacia una fuerte y tierna relación con nuestro Amado.

También discutimos en el capítulo 8 algunos de los pasos para aprender a sentarse a los pies de Jesús: haciendo una primera evaluación de nuestra relación con Él; aprendiendo a aguardar en su presencia; y desarrollando maneras para sentir su presencia de forma tal, que nos sintamos cómodas al hablar con Él. En este capítulo vamos a ir un poco más lejos. Discutiremos algunas actividades que nos pueden ayudar a amar a nuestro Amado más todavía mientras estamos sentadas a su pies. Estas actividades comúnmente son llamadas «disciplinas espirituales», pero no implican una tarea desagradable, mucho menos castigo. Simplemente requieren nuestra sincera determinación, asistida por el Espíritu Santo, para atraer a nuestro Dios dador de energías y enfocar nuestras mentes para estar con Jesús.

Cinco disciplinas espirituales que le ayudarán a amar a su Amado

Jesús, el Amado que necesitamos desesperadamente, ha cambiado la vida de mujeres a través de los siglos, mujeres en los tiempos bíblicos, mujeres en los tiempos medievales, mujeres en los tiempos del Renacimiento, mujeres de cada continente, mujeres en el mundo moderno. Él es el único por el que siempre hemos anhelado, y Él es el único que ofrece la unión con el poderoso Dios que nos pone en el camino para sanar nuestros sitios dolientes, e integridad para nuestros cuerpos, mentes y espíritus.

Para apropiarnos de esa sanidad e integridad (y más que eso, para expresarle a nuestro Amado nuestra devoción y gozo en Él) vamos a explorar cinco disciplinas espirituales que han venido a nosotras a través de los siglos. Estas son:

1. Estudio bíblico

Si usted estuviera enamorada de un poeta o escritor, le gustaría leer sus obras para entender sus pensamientos y sueños. Si usted estuviera enamorada de un artista, un corredor de carros o un deportista, usted le haría preguntas y visitaría los lugares que a él le gustan. En pocas palabras, usted trataría de encontrar todo lo que pudiera sobre lo que le motiva y agrada a él.

Por lo tanto, si nuestra íntima relación con Cristo es a profundidad, no podemos descuidar la Palabra de Dios. Allí descubriremos la vida esencial que Él ha planeado para nosotras cuando venimos a Jesús como Salvador y Amado. Aprendemos a conocer sus pensamientos, sus valores, su principios, su carácter y las maneras en las cuales nos vamos a comportar como ciudadanas de su reino. A través de su Palabra nos damos cuenta de los beneficios y privilegios que son nuestros como sus hijas. Recibimos seguridad de su amor, protección, limpieza, instrucción y provisión.

La Biblia es única. Hebreos 4.12 dice:

> Porque la palabra de Dios es viva y eficaz, y más cortante que toda espada de dos filos; y penetra hasta partir el alma y el espíritu, las coyunturas y los tuétanos, y discierne los pensamientos y las intenciones del corazón.

Colosenses 3.16 dice: «La palabra de Cristo more en abundancia en vosotros». De la misma oración de Jesús a su Padre, sabemos que somos santificadas, apartadas, por la Palabra: «Santifícalos en tu verdad; tu palabra es verdad» (Juan 17.17). Y Dios dijo: «Mi palabra ... que sale de mi boca ... no volverá a mi vacía, sino que hará lo que yo quiero, y será prosperada en aquello para que la envíe» (Isaías 55.11). La Palabra de Dios siempre ha tenido un propósito, y Él ve que su propósito está completo.

Sabemos por la Parábola del Sembrador en Lucas 8 que Satanás nos quiere robar la Palabra de Dios. Puede parecer que

Satanás está tratando de dañarnos por medio de las circunstancias o finanzas o en alguna otra manera, pero su gran deseo es robarnos la Palabra de Dios de manera que quedemos vacías. Parte de la disciplina que le agrada a nuestro Amado es nuestra determinación a no dejar que las circunstancias o que la falta de planificación nos robe el tiempo en su Palabra.

Hace muchos años los cristianos memorizaban la Biblia; esto aún continúa siendo una buena práctica. Muchas veces me he encontrado con la Palabra de Dios en la boca en el preciso momento, y he estado agradecida porque «[la] tengo atesorada en mi corazón» (Salmo 119.11).

Cuando nuestros hijos estaban pequeños, Dave y yo tomábamos un pedazo de cartulina, la doblábamos a la mitad y escribíamos un texto bíblico a cada lado. Lo manteníamos en la mesa del comedor y durante las comidas lo leíamos juntos y lo memorizábamos. Cambiábamos el texto cada semana. Esta simple tradición nos dio la oportunidad de hablar con nuestros hijos sobre el significado de la Palabra y su importancia en nuestras vidas.

Nosotras podemos estudiar la Palabra de Dios por nuestra cuenta cuando nos sentamos a sus pies en privado. La Biblia es un libro para que sea leído y comprendido, y con tantas buenas traducciones hoy día, no tenemos ninguna excusa. Además, cientos de libros se han escrito para ayudarnos a aprender a estudiarla con integridad y precisa interpretación. Su pastor o líder en su iglesia podrá señalarle los que se aplican a su madurez espiritual y necesidades.

El estudio bíblico en la compañía de otras que aman a Jesús puede también ayudarnos a sentarnos a sus pies. Puede ser la Biblia una dulce y rica experiencia para compartir su carta de amor con nosotras, e intercambiar los discernimientos que recibimos del Espíritu Santo. Las mujeres a menudo se benefician de los estudios bíblicos diseñados específicamente para ellas, porque suplen las particulares necesidades de la mujer. Si no hay ninguno en su área, ¿por qué no empieza uno en su casa? Póngase de acuerdo con dos mujeres y estudien juntas alguno de los libros de estudio bíblico que hay en las librerías cristianas.

Sin importar cuán a menudo lo hace, estudiar la Palabra de Dios es esencial para entender a nuestro Amado y para saber como agradarle.

2. Meditación

La meditación en el verdadero sentido cristiano significa reflexionar, deliberar y contemplar a Dios en su Palabra. Hemos perdido este arte, y en muchos casos nos hemos vuelto dudosas hacia Él, porque el concepto ha sido robado por religiones Orientales. Pero la práctica de la meditación todavía le pertenece a los cristianos, y solamente nos engañamos cuando la desechamos.

En su libro *Keeping the Doors Open* [Mantenga las puertas abiertas], Chosen, 1992, el autor Peter Lord sugiere que la meditación de la escritura es diferente del estudio bíblico en el cual estudiamos con el lado izquierdo de nuestro cerebro (razonamiento, diseño e información acumulada). Sin embargo, meditamos, con el lado derecho, en el cual se originan más nuestras facultades creativas e imaginarias. La meditación, dice el Señor, involucra abrir nuestras mentes al Espíritu Santo, para que Él pueda:

> Recibir información del lado izquierdo de nuestros cerebros y ... comunicar a través del lado derecho también. Él puede sacar de la mente un cierto factor o punto de falsa información y renovar nuestras mentes con la correcta y verdadera información. Él puede inspirar nuestras imaginaciones a realzar diferentes personajes bíblicos en incidentes registrados, y ayudarnos a aplicar ese conocimiento a nuestras situaciones. Y Él puede darnos su intuición para discernir lo correcto de las propias motivaciones y acciones, y las de aquellas personas a nuestro alrededor.

En la meditación pensamos en nuestro Amado, habitando en su bondad, dándonos cuenta de su deidad y aceptando su voluntad de estar con nosotras en comunión sin dejarla ir, sin importar cuánto estemos nosotras alejadas. Toma tiempo centrar sus pensamientos en el Señor y mantener su mente puesta en Él. Podemos descuidar algunas cosas buenas por esta mucho mejor, estar a sus pies hasta que nuestra comunión con Él sea completa.

3. Oración

Si queremos que el Espíritu de Dios fluya en nosotras, nos debemos volver mujeres de oración. En la oración el Espíritu Santo funde nuestra unión y la moldea dentro de la unidad. La oración entonces se convierte en más que un ritual; se convierte en el mismo aliento de vida que nos sostiene y que nos cambia las actitudes, deseos y percepciones.

Mientras persistimos en conocer a nuestro Amado por medio de la oración, nos atrevemos a acercarnos más a Dios en una forma que nunca nos imaginamos posible. Oramos para conocer el corazón y la mente de nuestro Amado, y sus propósitos para nosotras y para el mundo. En su libro *Prayer, a Holy Occupation* [La oración, una ocupación sagrada], Discovery House, Thomas Nelson, 1992, Oswald Chamber señala que:

El lugar secreto [de oración] nos convence de que Él es nuestro Padre, y que Él es justo y es amor, y que no solo permanecemos inconmovibles sino que recibimos nuestros galardones con una intimidad que es indescriptible y llena de gloria.

¡Imagínese una intimidad con Jesús que esté llena de gloria! Usted puede tenerla en oración.

La oración, al igual que la alabanza, es una actitud. En 1 de Tesalonicenses 5.17 Pablo nos dice que «oremos sin cesar». Esto significa intimidad nutrida a lo largo del día y de la noche, manteniendo un diálogo en progreso, una unión secreta en la cual las cargas de la vida no pueden tocarla. Gradualmente nuestro Amado se vuelve nuestro primer pensamiento al levantarnos por la mañana y el último pensamiento al terminar el día comprometiéndonos nosotras mismas dentro de su cuidado.

Cuando nosotras oramos permitimos siempre el acceso del Espíritu Santo. Él es quien continúa susurrando el amor de Jesús en lo profundo de su alma. Él es quien la levanta a la vida y le da poder. Efectivamente, es por medio del Espíritu Santo que su punto doloroso es finalmente sanado.

La clave para nuestro punto doloroso está en nuestro espíritu. Cuando usted y yo recibimos a Jesús como Salvador y Señor, le damos acceso a esa clave. Mientras más íntima sea nuestra relación con Él, más disponible estará Él para liberar todas nuestras heridas secretas y derramar su bálsamo sanador. Él ungirá nuestros puntos dolorosos con el aceite de su sanidad hasta que finalmente seamos uno con Él y estemos sumergidas en su completa redención. Este canal de sanidad del Espíritu Santo es renovado cada vez que oramos.

Anotar es una maravillosa manera de mantener nuestra vida de oración viva y eficaz. Algunas mujeres temen esta sugerencia, sintiendo que será muy demandante o que consumirá mucho tiempo. Sin embargo, escribir una o dos líneas cada día, será una bendición. Anote sus sentimientos mientras se acerca a su Amado a través de la oración y la lectura de su Palabra. Nunca tema decir lo que hay en su corazón. No solamente cimentará sus pensamientos, sino que también será muy significativo poder mirar hacia atrás y ver todo lo que Dios ha hecho en su vida.

A algunas mujeres les ayuda tener una compañera de oración, alguien con quien compartir preocupaciones y oración en persona o por teléfono. Esto nunca deberá tomar el lugar de una personal e íntima conversación con Jesús, pero podrá ayudar a levantar su confianza y habilidades en la oración.

4. Combine su vida de oración con la Palabra

Cuando recibí a Jesús por primera vez en mi corazón, descubrí que me encantaban las escrituras bíblicas. De manera que empecé a orar al Señor con lo que estas decían. Yo quería mucho más, por ejemplo, para ser guiada por mi Amado y para reconocerlo en mi vida. Así que cuando descubrí Proverbios 3.5,6, comencé a orarle diariamente.

«Señor», así decía yo, «confío hoy en ti con todo mi corazón. Me atrevo a no confiar en mí misma o a tratar de estar en mi propio conocimiento. Puede que me falle. Te reconozco hoy en cada manera, y quiero agradecerte por guiarme. Sé que puedo confiar en ti». Luego pensaba en cualquier situación en la cual me era difícil confiar en el Señor.

Después de un tiempo esto se volvió mi disciplina y supe que otros cristianos estaban haciendo la misma cosa. Aun hoy hay libros que ayudan directamente a esta clase de oración en la Palabra. Pero yo le animo a que desarrolle su propio sistema. Una manera de hacerlo es dividir un cuaderno de notas en las categorías que le preocupan a usted. (El número de categorías crecerá con el paso del tiempo).

Suponga, por ejemplo, que una de sus preocupaciones es su autoestima. Usted necesita fortalecer el conocimiento de que usted es importante para su Amado. De manera que comience a orar a Jesús con lo que usted sabe que Él piensa sobre usted, como esto:

¡Te agradezco, Jesús, que soy una hija de Dios! (Romanos 8.16).

Estoy tan agradecida, Señor, de estar en Cristo Jesús. Tú eres mi Salvador, y aunque exploto algunas veces, tengo tu justicia por tu muerte y resurrección por mí. Hoy cuando el enemigo me susurre al oído «Tú has explotado en gran manera», yo le responderé que estoy perdonada y que tengo tu justicia (1 Corintios 1.30).

Señor, me humillo por el hecho de que mi vida no es ningún accidente. Tú me tejiste en el vientre de mi madre y sabías todo sobre mí. Ni siquiera puedo contar tus pensamientos hacia mí en un día. Tú me creaste y me conociste antes de que yo naciera. Nunca me podré perder de tu Espíritu, y eso me hace sentir muy especial (Salmo 139).

Gracias, Jesús, porque nunca he sido condenada por ti.
¡Nunca! Algunas veces me pregunto por qué tú me
amas tanto, pero me doy cuenta de que tú nunca deja-
rás de amarme, no importa que tanto te empuje o te
falle. No soy condenada, por cuenta de tu misericordia y de tu gracia (Romanos 8.1).
Soy más que vencedora por ti, Jesús. Tú eres mi maravilloso Amado, y necesito recordar eso durante la situación que estoy atravesando, que tú ya has ganado la
victoria por mí. Siempre triunfaré en ti y te lo agradezco (Romanos 8.37).

Estas son solo algunas de la escrituras que pueden edificar su
autoestima en el Señor.

Un día lluvioso salí de la clínica con la noticia de que tenía
un tumor maligno debajo del ojo derecho. El Doctor me dijo
que lo había descubierto temprano y que no había amenaza de
muerte en ese momento. Me informó de lo peligroso de la radiación, porque el tumor estaba muy cerca del ojo, señaló una
fecha para mi operación y me dijo que luego discutiríamos el
procedimiento a seguir más detalladamente.

Cuando llegué al carro, me sentí agobiada. Me imaginé
como este cáncer iba a afectar mi futuro, mi lapso de vida y mi
familia. Pero por la localización del cáncer, y porque el Doctor
me había dicho que no había peligro de muerte, estaba mucho
más preocupada al pensar como la cicatriz se me vería en el rostro.

En el camino a casa pensé en el temor, pero sentía paz. Sabía que el Señor podía cuidarme en todas las cosas. Decidí que
las cicatrices serían un constante recordatorio de la gracia de
Dios al poder diagnosticarme a tiempo el tumor y que me daría
la oportunidad de testificar. Podría decirle a la gente en primer
lugar cuán importante es dejar nuestras apariencias a Él.

Esa noche tomé la Biblia y el cuaderno de notas y oré usando algunos textos. Miré a través de todas mis categorías, pero
no encontré nada suficiente que pareciera ajustarse a mi situación. Le agradecí al Señor que su gracia era suficiente para mí,

de acuerdo con 2 Corintios 12.9. También le agradecí de acuerdo con Filipenses 4.13, que podía hacer cualquier cosa por medio de Cristo quien me fortalece.

Luego busqué en los Salmos y leí estas palabras:

¿Por qué te abates oh alma mía, y por qué te turbas dentro de mí? Espera en Dios; porque aún he de alabarle, *la ayuda a mi semblante,* y mi Dios.

Salmo 42.11 (cursivas añadidas)

¡Jesús es la ayuda a mi semblante! Pensé. Sentí tanta bendición de paz.

«Gracias, Jesús» oré, «por ser la ayuda a mi semblante. No tengo que preocuparme por este cáncer y sus efectos en mi rostro porque tú eres la luz de mi vida. Todo lo que quiero es que la gente te vea brillar en mí».

Escribí la oración en mi libro y dejé la operación a Jesús.

Después de la intervención quirúrgica escuché una cosa sorprendente. Cuando el cirujano me cortó el rostro, dijo que había encontrado el cáncer encerrado en una cápsula como un «recipiente». Lo extrajo de debajo del ojo y me suturó.

Naturalmente me veía bastante fea al principio, con muchos puntos y moretones, pero habían buenas noticias: El doctor dijo que creía que no iba a necesitar ninguna radiación porque estaba convencido de que había quitado todo el cáncer. Yo estaba contenta y regresé a casa para recuperarme, orando el Salmo 42.11.

Cuando llegó el momento de quitarme los puntos, ¡estaba sorprendida por los resultados! Tengo algunas cicatrices, pero nada como era de esperarse. La gente encuentra difícil de creer que una operación tan extensa fue hecha en mi rostro.

¡Yo estaba tan agradecida! Dios había hecho por mi más de lo que yo había soñado. Regresé al texto que Dios me había dado y oré: «¡Señor, tú eres la ayuda a mi semblante, y cómo te alabo!» En ese momento sentí los brazos de mi Amado apretándome alrededor. Hubiera estado contenta de vivir con la peor de las cicatrices, pero mi Amado se preocupó de ella. El amor fue de prisa de mi espíritu hacia su corazón de amor.

Usted es una hija apreciada de Dios, y todas sus promesas de amor le pertenecen a usted. Busque en su Palabra las promesas sobre todos los asuntos que afectan su vida cada día: temor, tentaciones, sanidad, la salvación de otros y muchas más. Deje que le hable tiernamente mientras usted ora usando su Palabra hacia Él. Su Amado se deleitará de sus esfuerzos.

5. *Evaluaciones regulares de su camino con Jesús*

Evalué su relación con Jesús regularmente. Permítale al Espíritu Santo que alumbre su reflector en lo profundo de su espíritu. Mientras más profundo Él vaya, más cosas podrá detectar. Deje que le muestre actitudes que necesitan salir, pequeños pecados que usted ha aprendido a tolerar, y deje que le traiga suavemente la realización de su necesidad para que sea libertada de la esclavitud.

Aun cuando nuestro Amado sana nuestras pasadas heridas, Él nos recuerda que no quiere que permanezcamos introspectivas para siempre. Seguir adelante es parte de su curación y de su plan. Así no nos convertimos en narcisistas de nuestra apariencia interior. Él puede alejarnos de que nos estanquemos en el proceso de sanidad.

Mientras más conocemos a Jesús por medio del estudio bíblico, la meditación, la oración y las promesas de su Palabra, más fácilmente reconoceremos su voz. En Juan 10.27 Él dice: «Mis ovejas oyen mi voz». Su voz nunca condena, nunca golpea. Cuando necesitamos corrección, Él la ofrece en una manera amorosa que no nos destruye, sino nos guía al arrepentimiento, la limpieza y la restauración.

Efectivamente, es un tremendo cumplido cuando nos damos cuenta que nuestra relación con nuestro Amado ha crecido en el lugar donde Él puede señalar las cosas que realmente necesitamos escuchar. Él sabe que nuestros espíritus son suaves y que estamos propensas a la autocondenación. Él no quiere lastimar nuestros sensibles espíritus, sino que maduremos en su amor. Él puede tratar con nosotras en un nivel más profundo.

Mi amiga Karen está muy enamorada de Jesús, y su caminar con Él se ha vuelto más y más íntimo y completo. Ella siente su duradera profundidad en su espíritu mientras sigue su camino, y ella sabe sin ninguna duda que Él la aprecia.

«Una día» señala Karen, «me empezó a crecer un peculiar quiste en el hombro. No tenía idea de lo que era, así que no hice nada al respecto por varias semanas, hasta que empezó a emanar un mal olor».

Karen llamó a su Doctor para que viera el quiste. Mientras ella esperaba que el día de su cita llegara. El quiste creció más y el olor se hizo más repugnante. Más preocupada que de costumbre, Karen empezó a orar.

«Yo quiero tu sanidad, Señor» dijo ella.

Pero Jesús parecía callado cuando ella le suplicaba. Finalmente ella le clamó: «Ayúdame a entender tu silencio».

Con gran amor y ternura Él la tomó en sus brazos.

Karen, hija mía, Él le susurró en su espíritu, *este quiste y su olor son como el aroma escondido de tu espíritu. Es ofensivo y debe ser cortado.*

Asustada, Karen recordó algunas actitudes y sutiles pecados que le eran difícil de soltar. Ella los había mantenido en el subconsciente y siguió su intimidad con su Amado pensando que estos ya no estaban más allí.

«¿Cómo recibiste tal revelación?» le pregunté cuando me contó la historia. Yo sabía que muchas mujeres, hubieran sido incapaces de soportar una corrección tan fuerte.

«Me arrodillé ante Jesús» me contestó, «y le pedí que cortara esos pecados con la misma seguridad con que el doctor cortaría el quiste. Jesús está consciente de todo lo que hay en mi corazón y espíritu, ¡y esas actitudes y pecados eran una inmundicia para el Único que yo amo más que a nada! Le pedí perdón y sentí lo refrescante de su limpieza».

Jesús sabía que Karen confiaba en Él lo suficiente y que estaba segura del amor de Él para escuchar una corrección tan profunda. Por lo tanto, Él se atrevió, a señalar algo que ella posiblemente no hubiera recibido de otra manera. Su cercana unión a Él le dio la libertad de tratar con ella honestamente. Karen había mostrado madurez y una vida disciplinada en el Espíritu.

¿Qué pasa con usted? ¿Conoce usted su voz? ¿Confía usted en su amante lo suficiente como para someterse a la evaluación de su Espíritu Santo?

Sea creativa al amar a su Amado

Los cinco principios mencionados anteriormente le agradarán a su Amado si usted se compromete en ellos con el propósito de conocer y deleitarse en Él. Déjeme decirlo otra vez: Incorporarlos en su vida tomará tiempo y esfuerzo. Pero estos son parte del regalo de usted para Jesús.

Ahora, piense por un momento sobre los regalos especiales que ha recibido de su esposo, hijos, padres o amigas. El tiempo y el esfuerzo que tomó el escoger, comprar y envolver esos regalos significan mucho para usted. Pero, ¿qué otro elemento hizo que usted se sintiera amada, como si el dador no tuviera a nadie más en el mundo en quien pensar sino en usted?

Creatividad. Cualquiera puede comprar una botella de perfume. Pero cuando el perfume se convierte en algo favorito por lo que usted ha estado implorando por meses, y está envuelto en papel de su color favorito, usted sabe que quien se lo está dando hizo un especial esfuerzo por agradarla.

Así que agregue creatividad en su tiempo con Jesús. Aquí hay algunas sugerencias:

1. Pase diez minutos en alabanza verbal con su Amado.
2. Escuche una cinta de alabanza y adoración, luego apáguela y componga su propio himno de alabanza.
3. Escriba una oración de amor para Jesús, tomando tiempo para escoger las palabras cuidadosamente. Póngala en algún sitio para futuros usos.
4. Cierre los ojos y tome tiempo para sentir los brazos de su Amado a su alrededor mientras le expresa su amor por Él.

5. Ríase fuertemente, y mientras lo hace, imagínese a Jesús riéndose con usted.

6. Ayune un día y use el tiempo extra para agradecer y alabar por todo lo que Jesús significa para usted.

7. Llame a alguna persona que esté sola y comparta un texto que dé ánimo.

8. Vaya al hospital y voluntariamente arrulle a un recién nacido, orando por la bendición de Jesús en la vida de este bebé.

9. Lea un buen libro cristiano, luego compártalo con alguien más.

10. Pídale a Dios que ponga a alguien «en su canasta» a quien usted pueda ministrar en forma regular. Escuche a esta persona, y pídale a Jesús una oportunidad para compartir su amor con ella.

Su Amado se deleitará en usted y en cada forma que escoja para acercarse a Él. Con tiempo disciplinado, esfuerzo y creatividad, su amor por Él va a alcanzar nuevos niveles. Aun cuando Él cubra su punto doloroso con su tierno afecto e intervención, usted le estará ministrando a Él.

Oración

Querido Amado, quiero pasar tiempo en tu Palabra, en oración y meditación hoy. Dame un espíritu persistente, disciplinado que te agrade a ti. Ayúdame a discernir cuáles son las interrupciones que tú has mandado, y cuáles son las distracciones que me apartan de mi prioridad número uno, al pasar tiempo contigo.

Señor, mientras espero ante ti en reverencia y admiración, anhelando mostrarte mi amor, ven por tu Espíritu a entrelazar mi corazón, mente y espíritu dentro de la unidad contigo. Que tu Espíritu evalúe mi espíritu con un amoroso reflector, para que nada se quede en el camino de nuestra conexión de amor. Jesús, estoy cautivada por tu belleza y santidad, y ofrezco mi alabanza en bendita adoración. En tu nombre sin igual. Amén.

13

¿ Entró usted ya?

Muchas mujeres vienen a conocer a Jesús como el Amado que más necesitan. Él anhela tener esa relación con cada una de nosotras, porque es en una intimidad como esta en donde encontraremos sanidad para nuestros puntos dolorosos. Y es en una intimidad así en la que nuestro Amado conocerá el gozo de la unión con las criaturas amadas por las que Él murió.

¿Entró ya a la conexión de amor con Jesús? Crea y acepte por fe que su muerte en la cruz por la salvación y el regalo de la vida eterna son solo el principio de su viaje. Muchas mujeres creen que eso es todo lo que necesitan. ¡Pero Jesús quiere mucho más para usted! El apóstol Pablo dijo: «A fin de *conocerle*, y el poder de su resurrección» (Filipenses 3.10, cursivas añadidas).

Conocer a Jesús en persona, y en poder, no solo cambia los conceptos de nosotras mismas, sino también nuestro entendimiento de la vida y de otra gente.

¿Cómo entramos?

Los tres pasos siguientes nos ayudarán a entender la manera de entrar.

1. Debemos venir

La prostituta que mencionamos en el primer capítulo oyó hablar a Jesús. Ella pudo dejar el asunto así. Pero en Lucas 7 leemos que *vino* a Jesús, cayó a sus pies y derramó su amor en Él.

La palabra griega para *venir* en este pasaje es *sumpatheo,* que significa «ser tocado con sentimiento». La raíz del vocablo es *sumpathes,* que significa «tener un sentido similar», y es la forma en que tenemos la palabra *simpatía.* Ese día la mujer se percató de que ¡Jesús sentía simpatía por ella! Esta maravillosa visión del Maestro la ayudó a captar la grandeza de su amor y su perdón, y dio a luz en su vida la intimidad espiritual. *Venir* es el punto donde todas comenzamos.

2. Debemos tocar a Jesús

La mujer que se cita en Mateo 9, y que tenía flujo de sangre por muchos años, tocó el borde del manto de Jesús. ¿Por qué no simplemente se frotó con Él, o le tocó la manga o el hombro?

¡Esta mujer sabía exactamente lo que estaba haciendo! Todos los hombres judíos usaban un manto de oración llamado *tillet,* adornado en el borde con borlas o flecos llamados *ztit ztit.* La razón de estos flecos se explica en Números 15.38-40, en el cual Dios le dijo a Moisés:

> Habla a los hijos de Israel, y diles que se hagan franjas en los bordes de sus vestidos, por sus generaciones; y pongan en cada franja de los bordes un cordón de azul. Y os servirá de franja, para que cuando lo veáis os acordéis de todos los mandamientos de Jehová, para ponerlos por obra; y no miréis en pos de vuestro corazón y de vuestros ojos.

Dios le estaba diciendo al hombre judío que el asunto de los bordes representaba un constante recordatorio de su ley, y de la relación entre ellos y hacia Él.

Así que la mujer del flujo le estaba pidiendo a Jesús que la «recordara» con simpatía. Ella creyó que Jesús comprendería por qué le tocaba su borde. Y tuvo la confianza de decir: «Si tocare solamente su manto, seré salva» (Mateo 9.21).

La palabra completa en este pasaje también tiene un significado rico en griego, *sozo*, que significa «salvado, libertado, protegido». Cuando Jesús fue tocado por esta mujer, ella fue libertada por completo. En el completo contexto del griego, esto quiso decir mucho más que una sanidad física. Su vida cambió para siempre por este contacto, y la suya también cambiará.

¿Cómo tocamos a Jesús? Contándole nuestra historia y permitiendo que su Espíritu Santo controle nuestras vidas, como lo describí en los capítulos 2 y 3. Tocamos su corazón cuando el Espíritu fluye en nosotras, haciéndonos conocerlo en su plenitud. Es al venir y tocar que somos salvas, libertadas y protegidas.

Pero aún hay un paso más.

3. *Debemos permitirle a Jesús que se vuelva y nos reconozca*

La narración de Marcos acerca de la historia de la mujer con el flujo de sangre dice que Jesús se volvió cuando preguntó: «¿Quién me ha tocado?» (Marcos 5.31). La expresión *volviéndose* procede de la raíz de la palabra *epi*, que significa «encargarse de» o «convertir». Cuando Jesús se volvió para reconocer a la mujer, ya estaba haciendo que la conversión se llevara a cabo; ahora estaba dispuesto a encargarse de su vida. Cuando los ojos temerosos de ella encontraron los amorosos de Él, ante su compasiva mirada, todas sus heridas en su espíritu fueron quitadas. Abrazó en el corazón al Amado de su vida, que no solo la podía salvar y sanar sino también encargarse de ella.

¿Y por qué Jesús reconoció a esta mujer? ¿Por qué preguntó: «¿Quién me ha tocado?» Los discípulos pensaron que era una pregunta tonta en medio de la apretazón de la multitud, pero Jesús sabía lo que hacía. Marcos 5.33 nos dice que la mujer temiendo y temblando se postró a los pies de Jesús, probablemente anticipándose a una reprimenda del Maestro.

¿Por qué supone usted que el siempre tierno Jesús la destacó de esa manera?

Por la misma razón que nos particulariza a usted y a mí. Él quiere más que una relación pasajera con nosotras. Él quiere más que ofrecernos salvación y que luego sigamos en su camino. Él quiere intimidad con nosotras. Él quiere ser nuestro Amado.

Venir a Jesús, tocarle y permitirle que se vuelva y nos reconozca marca la diferencia en el mundo entre *saber de* nuestro Amado, y *conocerlo,* y el poder de su resurrección.

Cuando usted se enamora...

Si alguna vez se ha enamorado, o ve a alguien enamorarse, sabrá que casi siempre las consecuencias son obvias. La enamorada tiene una nueva manera de andar. Aun las cosas más familiares en su vida le parecen nuevas y maravillosas. Se siente hermosa, y la nueva confianza en sí misma y el gozo fluyen en bondad hacia los que la rodean.

Cuando nos enamoramos de Jesús, los resultados también son obvios. Estamos en paz con nosotras mismas, y nuestro punto doloroso es sumergido en sanidad cada día, es más grato estar a nuestro alrededor. Aceptamos la corrección sin resentimientos ni a la defensiva. Nos volvemos más vulnerables, aceptamos a los demás, amándolos y perdonándolos como Jesús lo hace con nosotras, porque ellos no son nuestras fuentes de identidad o autoestima.

Sentarse a los pies de Jesús diariamente, sometiéndonos a Él y caminando en su Espíritu dará libertad a que su corriente sanadora calme nuestros dolores y nos libere de la esclavitud. A su tiempo empezaremos a florecer bajo su cuidado.

¿Entró usted ya? Su Amado conoce cada faceta de su ser (pasado, presente y futuro), y aún así la ama incondicionalmente. Él la tocará de maneras que nadie puede. Él quiere convertirse en el gozo y deleite de su vida. De acuerdo con Sofonías 3.17: «Se gozará en ti con alegría, callará de amor, se regocijará sobre ti con cánticos».

Puede pasar toda una vida tratando de ganar su aprobación, cuando en realidad ya la tiene. Usted puede tratar de servirle con todo su corazón, y aun perderse el placer que le da a Él como su hija.

No permita que la duda, el temor, las heridas del pasado o las circunstancias del presente la alejen de esta vida que le concede, de esta relación plena del Espíritu. Sométase a hacer de Jesús el Amado que siempre ha necesitado, el Sanador de su punto doloroso.

Él está listo. ¡Abrácelo!

Oración

Oh Jesús, Amado y alegría de mi vida, un caudal de amor e intimidad están disponibles para mí en mi relación contigo. Tócame, Señor, mientras vengo a ti con fe. Libértame de todos los obstáculos mientras te vuelves hacia mí. Dame pasión por tu preciosa Palabra y celo por la oración. Ordena todas mis prioridades para que nada sea más valioso que sentarme a tus pies para conocerte completamente. Haz de nuestro mutuo amor la esencia, la fuerza libre de mi vida.

Te admiro, Jesús. Siempre estaré maravillada y me emocionaré con tu gracia, y por el hecho de que te deleitas en mí. Siento el calor de tu sanidad mientras me sumerges en tu Espíritu Santo. Eres todo lo que siempre necesitaré. ¡Mántenme alegremente contigo para siempre! Amén.

Descubre el poder de la oración

Libros que te ayudarán a desarrollar una relación con el Señor más íntima y poderosa a través de la oración.